상드린 드베즈의
손뜨개 인형

코바늘로 뜨는 러블리 캐릭터 12
상드린 드베즈의 손뜨개 인형

지은이 상드린 드베즈
옮긴이 배정은
펴낸이 정규도
펴낸곳 황금시간

초판 1쇄 발행 2016년 11월 30일
초판 2쇄 발행 2019년 2월 28일

편집 권명희, 김지하
디자인 ALL designgroup
도안 배정은
도안 일러스트 정영경

황금시간
Golden Time

주소 경기도 파주시 문발로 211
전화 (02)736-2031(내선 362, 364)
팩스 (02)6677-7775

출판등록 제406-2007-00002호
공급처 ㈜다락원
구입문의 전화: (02)736-2031(내선 250~252)
        팩스: (02)732-2037

Tendre crochet 2
by Sandrine Deveze
© 2015 Groupe Eyrolles, Paris, France, in partnership with Abracadacraft
(www.abracadacraft.com)
Korean translation copyright © 2016, Golden Time
All rights reserved.
This Korean edition published by arrangement with Groupe Eyrolles through Shinwon Agency.

값 13,800원
ISBN 979-11-87100-35-5 13590

http://www.darakwon.co.kr
• 다락원 홈페이지를 통해 주문하시면 자세한 정보와 함께 다양한 혜택을 받으실 수 있습니다.
• 기타 문의사항은 황금시간 편집부로 연락 주십시오.

×××××× 상드린 드베즈의 ××××××

손뜨개 인형

상드린 드베즈 지음 | 배정은 옮김

SOMMAIRE
차례

CACHE-POTS RIGOLOS

익살스러운 화분싸개

PINGOUIN XL

XL 펭귄

GLOBULE ET CAPSULE

글로불과 캡슐

REINETTE

레닛

PETITES SOURIS

작은 생쥐들

HULOTTE

윌로트

ZÉBULON

제불론
p.76

OCTAVIA

옥타비아
p.86

GÉDÉON

제데옹
p.94

LES TROIS COMPÈRES

세 친구들
p.104

ARSÈNE

아르센
p.116

VICTOR

빅토르
p.128

INFORMATION
머리말

첫 도서 〈Tendre Crochet〉의 성공에 힘입어, 저는 이 두 번째 책으로 모험을 이어가고 있습니다. 이 책에 소개한 작품들이 첫 책의 작품들 만큼이나 여러분의 마음에 들었으면 좋겠어요. 기본 특징은 바꾸지 않은 채로, 조금 다른 캐릭터들을 상상하려고 노력했어요. 어떤 작품은 이전 작품들보다 훨씬 덩치가 크지만, 만들기는 여전히 쉬워요.

이러한 모험을 계속해 나갈 수 있는 것은 모두 여러분 덕분이에요. 여러분이 제 인형들을 하나같이 너무나 예쁘게 만들어 인스타그램이나 블로그에 올려놓은 것을 발견할 때마다 얼마나 기분이 좋은지 몰라요. 정말 고맙습니다. 여러분이 제 새로운 작품들을 보면서 저와 함께 계속 뜨개질하고 싶다고 느끼시게 되길 바랍니다.

여러분께 가장 중요한 것을 상기시켜 드릴게요. 뜨개질의 목적은 무엇보다도 스스로 즐기는 것이랍니다! 첫 시도부터 완벽하려고 너무 애쓰지 마세요. 실수로 혹은 부주의로 한 코를 빼먹었다 하더라도 괜찮아요. 이런 작은 결함이 여러분의 작품을 세상에서 단 하나밖에 없는 작품으로 만들어줄 수도 있으니까요.

상드린 드베즈
한 발로 서성이는 사람

LE MATÉRIEL
ET LES TECHNIQUES

- 도구와 뜨개기법 +

도구

작품을 만드는 데에는 코바늘 한 개와 실 한 볼만 있으면 돼요.
언제 어디서든 할 수 있다는 것이 코바늘 뜨개질의 장점이죠. 여기에 몇 가지 부속품만 더하면 충분하답니다.

실

실의 굵기와 짜임새에 따라 완성품의 크기가 달라집니다. 실이 굵으면 뜨개 인형이 커지고, 실이 가늘면 작아져요.

초보자는 3.0mm 혹은 4.0mm 굵기의 면사로 시작하는 것이 좋아요. 그러면 만든 코가 잘 보이고 콧수를 세기도 쉽거든요. 뜨개 인형을 만들 때에는 100% 면사가 적당하고 가격도 부담스럽지 않아요. 면사는 신축성이 거의 없기 때문에 솜을 채워도 변형이 없답니다. 또한 면사로 만든 인형은 어린이가 가지고 놀기 적합하고, 세탁기로 세탁할 수 있어 관리하기도 쉬워요.

이 책에서는 DMC사의 Natura Just Cotton1을 주로 사용했어요. 몇 가지 작품에는 DMC사의 Lumina 금속사와 펄 면사도 썼어요.

어느 정도 뜨개기법에 익숙해졌다면 모헤어로 포근한 느낌을 내거나 모사로 더 부드러운 질감을 내는 등 다양한 종류의 실로 스타일에 변화를 줘보세요. 흰색 펄 면사와 함께 두 겹으로 떠서 (p.28의 'XL 펭귄'과 p.104의 '세 친구들'처럼) 혼색 효과를 내는 것도 멋져요. 사용하는 실이 가늘면 3.0mm 코바늘(모사용 코바늘 5/0호)로, 그렇지 않으면 4.0mm 코바늘(모사용 코바늘 7/0호)로 뜨세요.

✱도움말
뜨개실로 Natura Just Cotton이 아닌 다른 실을 선택했다면, 그 실의 특성이 다음과 비슷한지 확인하세요.
소재: 100% 면사, 무게: 50g, 길이: ±155m/170y, 바늘크기: 코바늘 2.50mm 혹은 3.00mm(또는 모사용 코바늘 4/0호 또는 5/0호), 게이지(10×10cm): 27코 34단.

코바늘

코바늘은 금속, 대나무, 플라스틱 등 여러 가지 소재가 있고, 크기도 다양해요. 작은 캐릭터를 뜰 때는 주로 금속 코바늘 3.0mm(모사용 코바늘 5/0호)2를 사용했어요. 작은 액세서리를 만들 때는 코바늘 1.50mm(레이스용 코바늘 2호)를 사용했고, 실을 두 겹으로 뜰 때는 코바늘 6.00mm(모사용 코바늘 10/0호)3를 썼어요. 클로버사의 바늘은 인체공학적으로 디자인되어 손에 쥐기 편하고, 구하기도 쉬워요. 여러 가지를 사용해 본 후 취향에 따라 자신에게 맞는 코바늘을 선택하면 됩니다.

뜨개 인형은 코를 아주 촘촘하게 떠야 해요. 코를 느슨하게 뜨는 편이라면 실에 적혀있는 권장 호수 바늘보다 작은(0.5~1.0mm 정도) 호수의 바늘을 사용하세요. 이렇게 하면 코 사이로 솜이 삐져나오는 일은 없을 거예요.

나사눈

얼마 전까지만 해도 나사눈4을 구하기 어려웠지만 이제 수공예점이나 온라인 쇼핑몰에서 쉽게 구할 수 있어요. 다양한 색상(빨강, 파랑, 초록, 오렌지 등)과 크기의 나사 부속품(눈, 주둥이, 코 등)이 있어요.

✖주의
3세 이하의 어린이가 가지고 놀 뜨개 인형이라면 아이의 안전을 위해 인형의 눈은 나사눈 대신 검은 실로 수를 놓아 표현하세요.

기본 키트

이 책에 소개한 작품들을 만드는 데 필요한 기본 도구는 다음과 같습니다.

✖ 돗바늘5: 뜨개질한 각 조각들을 연결하는 데 사용해요. 귀가 크고 바늘 끝이 뭉뚝해서 실을 꿰거나 뜨개질한 조각들을 연결하기 쉽지요.

✖ 봉제용 바늘6: 실을 사용하여 작은 조각을 꿰매거나 얼굴에 수를 놓을 때 사용해요.

✖ 인형용 긴 돗바늘7: 길이 12.5cm의 가늘고 긴 바늘이에요. 바늘귀가 커서 뜨개실을 통과시키기 편해요.

✖ 가위8

✖ 줄자9

✖ 단수 표시링10: 각 단의 시작을 표시해요.

✖ 빨간색 색연필11과 천 조각12: 인형의 볼에 붉게 볼터치 할 때 사용해요.

✖ 솜(케이폭 혹은 항진드기 합성솜)13: 인형을 100% 천연섬유로 만들고 싶다면 천연 양털솜을 사용하세요.

사용한 뜨개기법

⬭ 사슬뜨기

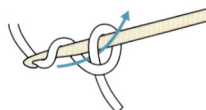 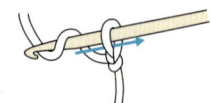

1 코바늘에 실을 한 바퀴 돌려 감고, 바늘에 실을 한 번 걸어 고리 사이로 빼면서 매듭을 만든다 (첫코). 마무리할 때 실을 안쪽으로 끼워 넣을 수 있도록 실 끝을 충분히 남긴다.

2 바늘에 실을 한 번 감아 고리 사이로 빼낸다(1코). 사슬뜨기는 모든 뜨개질 작품의 출발점으로서, 이 방법으로 필요한 수만큼의 코를 만든다. 첫코는 콧수에 포함하지 않는다.

⬬ 빼뜨기

 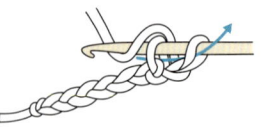

1 코바늘로부터 2번째 코에 바늘을 넣는다.

2 바늘에 실을 한 번 감고 바늘에 걸린 두 개의 고리 사이로 빼낸다. 빼뜨기는 주로 작업을 마무리할 때 사용한다.

✕ 짧은뜨기

1 코바늘로부터 2번째 코에 바늘을 넣는다.

2 바늘에 실을 한 번 감고 하나의 고리 사이로 빼낸다.

3 바늘에 실을 한 번 감고 두 개의 고리 사이로 빼낸다.

✝ 한길긴뜨기

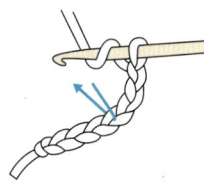 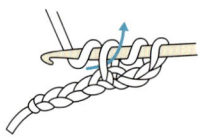 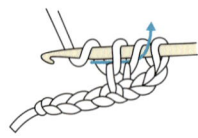 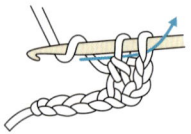

1 바늘에 실을 한 번 감고 코바늘로부터 4번째 코에 바늘을 넣는다.

2 다시 바늘에 실을 한 번 감고 하나의 고리 사이로 뺀다.

3 또 다시 바늘에 실을 한 번 감고 두 개의 고리 사이로 빼낸다.

4 마지막으로 바늘에 실을 한 번 감고 두 개의 고리 사이로 빼낸다.

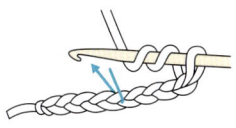 **두길긴뜨기**

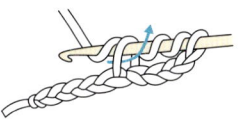 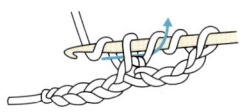 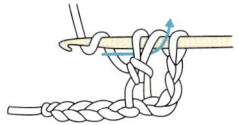

1 바늘에 실을 2번 감고 코바늘로부터 5번째 코에 바늘을 넣는다.

2 바늘에 실을 한 번 감고 하나의 고리 사이로 뺀다.

3 다시 바늘에 실을 한 번 감고 두 개의 고리 사이로 빼낸다.

4 또다시 바늘에 실을 한 번 감고 두 개의 고리 사이로 빼낸다.

한길긴뜨기 5코 방울뜨기

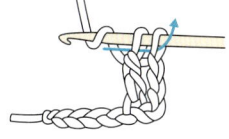 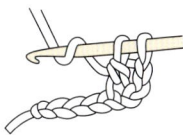 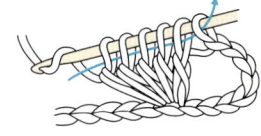 

5 마지막으로 바늘에 실을 한 번 감고 두 개의 고리 사이로 빼낸다.

1 한길긴뜨기를 1~3번까지 한다. 바늘에 고리가 두 개 남는다.

2 같은 곳에 바늘을 넣어 두 번째 한길긴뜨기를 1~3번까지 하면, 바늘에 고리가 세 개 남는다. 같은 방법으로 세 번째, 네 번째, 다섯 번째 한길긴뜨기를 1~3번까지만 한다. 바늘에 고리가 총 6개 남는다.

3 실을 한 번 감아 여섯 개의 고리를 모두 통과하여 바늘을 뺀 후, 사슬뜨기를 1코 떠서 한길긴뜨기 5코 방울뜨기를 마무리한다.

짧은뜨기 2코 늘려뜨기(늘림코)

짧은뜨기 한 코를 두 코로 늘리는 방법이다. 한 코에 바늘을 넣어 짧은뜨기 두 코를 뜬다.

짧은뜨기 2코 모아뜨기(줄임코)

1 짧은뜨기 두 코를 한 코로 줄이는 방법이다. 코에 바늘을 넣은 후, 실을 한 번 감고 바늘을 넣은 코 사이로 빼낸다(바늘에 두 개의 고리가 있다).

2 다음 코에 바늘을 넣은 후, 실을 한 번 감고 바늘을 넣은 코 사이로 빼낸다(바늘에는 세 개의 고리가 있다).

3 바늘에 실을 한 번 감고 바늘에 있는 세 개의 고리 사이로 빼낸다.

짧은뜨기 3코 늘려뜨기

 시작코

 **실 자르기**

짧은뜨기 한 코를 세 코로 늘리는 방법이다. 한 코에 바늘을 넣어 짧은뜨기 세 코를 뜬다.

인형 뜨개 기본기법

작품 시작하기

대부분의 코바늘뜨개 인형은 짧은뜨기로 원형뜨기를 해서 만들어요. 코를 촘촘하게 떠야 인형의 솜이 삐져나오지 않는답니다. 시작하기 전에 짧은뜨기와 사슬뜨기(또는 사슬코)를 충분히 연습하세요. 첫 3단을 뜨는 것이 가장 까다롭지만, 숙달되면 나머지는 쉽게 할 수 있어요. 인형을 뜨기 전에 작품 설명 전체를 잘 읽으세요.

작품을 시작하는 방법은 다양해요. 손가락에 실을 감아(매직링) 원형코를 만드는가 하면, 사슬뜨기로 원형코를 만들기도 해요. 이 책에서는 사슬뜨기 두 코를 뜬 후, 첫 번째 코에 바늘을 넣어 그 둘레에 첫 단을 뜨는 방법을 사용했어요.

뜨개 인형은 여러 조각을 떠서 솜을 넣은 후 서로 연결해 완성합니다. 각 조각을 뜰 때는 중앙의 고리 하나(혹은 매직링)에서 출발해 둘레에 시계 반대 방향으로 짧은뜨기를 해요. 그리고 코를 늘리거나 줄이면서 조각의 최종 모양을 만들어요.

각 작품의 뜨는 법은 도안과 함께 표로도 설명해 놓았어요. 다음 예시처럼 먼저 몇 번째 단인지 적고, 각 단의 총 콧수와 뜨는 방법을 적었어요(코를 잘못 떴는지 빠뜨린 코는 없는지 확인하기 쉬울 거예요).

예시

단	콧수	뜨는 방법
3	18	(짧은뜨기 1코, 늘림코 1번)×6회

'뜨는 방법'에서 '짧은뜨기 ○코, 늘림코 1번'은 짧은뜨기를 ○코 뜨고 나서 '짧은뜨기 2코 늘려뜨기'를 1번 한다는 뜻이고, '짧은뜨기 ○코, 줄임코 1번'은 짧은뜨기를 ○코 뜨고 나서 '짧은뜨기 2코 모아뜨기'를 1번 한다는 뜻이에요. '증감 없음'은 '코마다 짧은뜨기 1코씩 뜨기'를 뜻해요. 같은 단에서 동일한 뜨기가 반복될 경우 '( )×○회'로 표시했어요.

대부분의 경우 원형뜨기로 작품을 만들지만 왕복으로 평뜨기를 해야 하는 경우도 있어요. 이 경우 기본 사슬뜨기에 수평으로 짧은뜨기를 떠서 왕복을 하며 단을 만들어요. 각 단의 끝에서 편물을 돌리고 사슬뜨기 1코로 기둥코를 만들어 단의 높이를 맞추지요.

인형 만들기 첫 6단 뜨기

1 실로 고리를 만들어 고리에 바늘을 넣는다.

2 바늘에 실을 한 번 감아 고리 사이로 뺀다. 첫 사슬코 완성.

3 이 과정을 한 번 더 반복해서 사슬뜨기 2번째 코를 만든다.

첫 사슬코

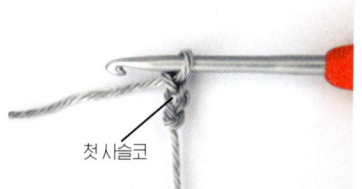

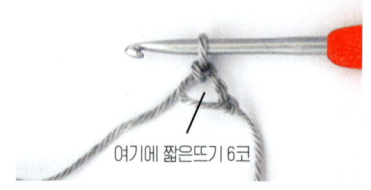

여기에 짧은뜨기 6코

4 첫 사슬코를 넓게 벌린다.

기준점 정하기

뜨개 인형은 나선형으로 돌려가며 떠요. 단이 끝나는 곳에서 빼뜨기로 원을 닫는 것이 아니라, 계속하여 이어 뜨지요. 그렇기 때문에 각 단의 시작점을 표시하지 않으면 어디가 시작점인지 알 수 없어서 끊임없이 콧수를 세야 해요. 그래서 단의 시작점에 10여cm 길이의 보색 실을 걸어 표시를 하고, 편물의 진행에 따라 이 실의 위치를 옮겨주세요. 실 대신 단수 표시링, 안전핀, 클립 등을 사용해도 돼요.

1단: 첫 사슬코에 짧은뜨기 6코를 뜬다.

5 실을 당겨 고리를 조인다.

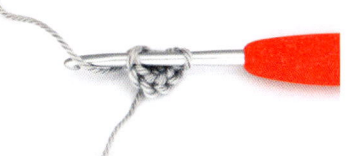

2단: 1단의 첫 번째 짧은뜨기 코에 바늘을 넣는다.

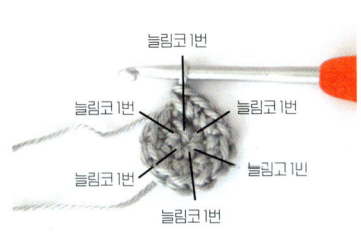

6 1단의 짧은뜨기 6코에 각각 '짧은뜨기 2코 늘려뜨기'를 한다(=짧은뜨기 12코).

3단: (짧은뜨기 1코, 짧은뜨기 2코 늘려뜨기)×6회(=짧은뜨기 18코).

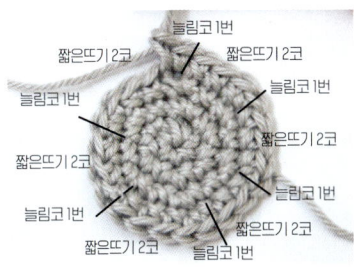

4단: (짧은뜨기 2코, 짧은뜨기 2코 늘려뜨기)×6회(=짧은뜨기 24코).

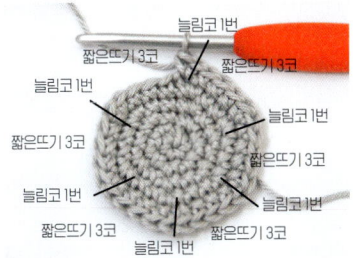

5단: (짧은뜨기 3코, 짧은뜨기 2코 늘려뜨기)×6회(=짧은뜨기 30코).

6단: 아랫단의 짧은뜨기 30코에 각각 짧은뜨기를 1코씩 뜬다(=짧은뜨기 30코).

7 코 늘리기를 멈추면 가장자리가 올라오기 시작한다.

8 뜨는 방법에 적힌 대로 코를 줄이기 시작한다. 코를 늘릴 때와 같은 방법으로 짧은뜨기와 줄임코를 번갈아 뜬다. 마지막 단의 끝에서 빼뜨기로 작업을 마무리하고 매듭을 짓는다. 실을 20cm 정도 남기고 잘라, 다른 조각과 연결할 때 쓰거나 안으로 넣어 정리한다.

❈도움말
인형을 뜨는 중간 중간에 적당히 솜을 채워 넣으세요.

배색하기

특별한 기법이 있는 것은 아니고, 다른 두 색상의 실로 짧은뜨기를 하는 거예요. 배색할 부분에 바늘을 넣어 실을 걸어 뺄 때, 다른 색 실을 걸어 빼면 됩니다.

배색 연습하기

1 녹색 실로 짧은뜨기 2단을 뜬다.
2 흰색 도트문양을 내려면, 흰색 실을 코바늘 바로 옆에 둔다.
3 아랫단에 코바늘을 찔러 넣어 흰색 실을 걸어 뺀다. 이렇게 하면 코바늘에 녹색 고리 한 개와 흰색 고리 한 개가 걸려있게 된다.

✼도움말
항상 한 가지 색으로 2단을 뜬 후에 배색을 시작하세요. 시작하면서 바로 배색을 하는 것보다 훨씬 쉬워요.

5 짧은뜨기를 하듯이 녹색 실을 걸어 뺀다.

4 왼손으로 녹색 실을 잡는다.

6 흰색 짧은뜨기 1코와 녹색 짧은뜨기 2코를 번갈아 뜬다(p.128의 '빅토르'는 작품 끝까지, p.66의 '윌로트'는 몸통 끝까지 번갈아 뜬다).

얼굴 만들기

얼굴 만들기는 작품 전체에서 가장 중요하며 성취감이 큰 과정이에요. 그만큼 섬세한 작업이 필요해요. 얼굴을 만드는 과정에서 작품의 성격도 드러나지요.

항상 눈부터 시작해요. 얼굴에 눈을 고정하기 전에 작품 전체와 균형을 맞춰 머리에 솜을 단단히 채웁니다. 각 장에 실려 있는 설명에 따라 눈, 코, 입을 제 위치에 놓고 연결할 자리를 시침핀이나 연필로 표시하세요. 그런 다음 솜을 다시 1/3 빼냅니다.

플라스틱 나사눈(p.8 사진의 4번)은 보이는 부분(검정 나사)과 인형의 안쪽에 숨겨져 보이지 않는 부분(플라스틱이나 금속 와셔)으로 구성되어 있습니다. 우선 검정 나사를 인형의 눈 위치에 삽입하고, 인형을 뒤집어서 플라스틱이나 금속 와셔를 검정 나사에 끼웁니다. 와셔를 끼울 때는 힘을 주어 누르거나 작은 펜치를 이용하세요.

나사눈을 고정한 후 머리에서 빼낸 솜을 다시 단단히 채워 넣으세요. 몸통과 연결하기 전에 입과 코를 수놓아야 자수실을 머리 안쪽으로 숨길 수 있어요. 눈을 포함해 얼굴의 각 부분을 수놓을 때는 이처럼 얼굴에 솜을 완전히 채운 후 작업해요.

뺨에 볼터치를 하면 뜨개 인형의 표정에서 생기가 돌아요. 작은 천 조각과 빨간 색연필을 준비해 색연필로 천을 누르듯이 색칠한 후, 색칠한 부위를 인형의 뺨에 부드럽게 비벼 볼터치를 완성합니다. 조그만 샘플을 떠서 먼저 그 위에 비벼보는 것도 좋습니다.

연결하기

머리, 몸통과 같이 연결할 부위가 열려 있는 조각들을 이을 때는 각 조각을 마무리할 때 미리 길게 남겨둔 실을 돗바늘에 끼워 사용해요.

먼저 몸통과 머리의 위치를 잘 잡으세요. 몸통 마지막 단의 1코에 돗바늘을 넣고, 실을 가볍게 당깁니다. 다음으로 머리 마지막 단의 1코에 돗바늘을 넣으세요. 이 작업을 필요한 만큼 반복합니다. 머리를 한 바퀴 꿰맨 후 매듭을 짓습니다. 이어서 바늘을 몸통에 통과시키고 실을 약간 잡아당긴 뒤 바짝 잘라 실이 몸통 안으로 숨도록 합니다.

팔, 다리, 날개, 귀와 같이 닫힌 부분들을 꿰매려면, 연결할 부분을 반으로 접어 가장자리의 코 부분이 서로 마주보도록 놓습니다. 연결할 부분에 남겨 놓은 실을 돗바늘에 끼우고, 첫 번째 코의 앞쪽 반 코 아래로 바늘을 넣고, 이어서 연결해야할 맞은편의 앞쪽 반 코 아래로 바늘을 넣습니다. 이 작업을 단의 끝까지 반복합니다. 이렇게 하여 연결 부위가 막힌 인형 조각을 몸통에 꿰맵니다. 또는, 마주보는 양쪽 가장자리 코에 동시에 코바늘을 찔러 짧은뜨기하여 조각의 열린 부분을 막을 수도 있어요.

실을 안으로 정리하기

빼뜨기 1코로 작업을 마무리한 뒤 실을 20cm쯤 남기고 자릅니다. 남긴 실을 돗바늘에 끼우고 바늘땀이 보이지 않게 몇 땀 꿰맵니다. 바늘을 몸통에 통과시키고 실을 약간 당긴 후 바짝 잘라, 몸통 안으로 실이 사라지도록 합니다.

실 바꾸기

색상을 바꾸거나 실 1볼을 다 사용했을 때 등, 실을 교체해야할 때는 반드시 단의 끝에서 바꿉니다. 일반적으로 마지막 코에서 마지막으로 바늘에 실을 감아 뺄 때, 새로운 실로 바꾸어 감은 뒤 계속 이어서 뜹니다. 새 실로 4코를 뜬 뒤, 두 실을 묶고 편물의 안쪽으로 보이지 않게 숨깁니다.

RÉALISATION

− 손뜨개 인형 만들기 +

CACHE-POTS RIGOLOS
익살스러운 화분싸개

다육식물이 자라는 화분이나 작은 꽃병,
유리병을 사랑스러운 코바늘 캐릭터로 감싸보세요.
작은 화분싸개는 30분 정도면 충분히 완성할 수 있습니다.
어디에 놓더라도 인테리어 효과는 보장할 수 있어요!

✕ ✕

✖재료
【귀가 뾰족한 작은 화분싸개】 아이보리색 면사(DMC사의 Natura Ivory 2번) 1볼・겨자색 면사
(DMC사의 Natura Curry 74번) 1볼・지름 6cm 작은 유리병(요거트 병 정도)
【귀가 처진 작은 화분싸개】 아이보리색 면사(DMC사의 Natura Ivory 2번) 1볼・황록색 면사(DMC
사의 Natura Moss green 75번) 1볼・금색 금속사(DMC사의 Lumina Or L677) 1볼・지름 6cm 작
은 유리병(요거트 병 정도)
【큰 화분싸개】 황록색 면사(DMC사의 Natura Moss green 75번) 1볼・흰색 면사(DMC사의
Natura Ibiza 01번) 1볼・금색 금속사(DMC사의 Lumina Or L677) 1볼・지름 3mm 검정색 플라스
틱 나사눈 2쌍・지름 8cm 작은 유리병(잼 병 정도)
검정색 자수실・코바늘 3.0mm(모사용 코바늘 5/0호)・기본 키트(p.9)

✖사용한 뜨개기법
사슬뜨기・짧은뜨기・빼뜨기

✖표 보는 방법
작품은 짧은뜨기로 떠요. '늘림코'는 '짧은뜨기 2코 늘려뜨기'이고, '줄임코'는 '짧은뜨기 2코 모아
뜨기'예요. '증감 없음'은 '코마다 짧은뜨기 1코씩 뜨기'를 뜻해요. 같은 단에서 동일한 뜨기가 반
복될 경우 '( )×○회'로 표시했어요.

✖도움말
화분에 싸개가 예쁘게 잘
맞으려면 아주 촘촘하게 뜨
는 것이 좋아요. 촘촘히 뜨
는 것이 어렵다면 1단계 작
은 코바늘을 사용하세요.

작은 화분싸개 만들기

작은 화분싸개

작은 화분싸개를 만들어요. 화분의 크기가 적당한지 확인하세요. 원하는 색상의 실과 코바늘 3.0m로, 사슬뜨기 2코를 만든 후 첫 번째 사슬코에 바늘을 넣어 1단을 시작하세요.

단수	콧수	뜨는 방법
1	6	짧은뜨기 6코
2	12	늘림코 6번
3	18	(짧은뜨기 1코, 늘림코 1번)×6회
4	24	(짧은뜨기 2코, 늘림코 1번)×6회
5	30	(짧은뜨기 3코, 늘림코 1번)×6회
6	36	(짧은뜨기 4코, 늘림코 1번)×6회
7	42	(짧은뜨기 5코, 늘림코 1번)×6회
8	48	(짧은뜨기 6코, 늘림코 1번)×6회 ＊화분의 지름이 더 크다면 바닥 크기에 맞을 때까지 위와 같은 방법으로 계속 코를 늘리며 뜬다. ▶사진 a
9~26	48	증감 없음. 빼뜨기 1코로 마무리하고 실을 자른다. ▶사진 b

작은 화분싸개 귀

사진 c에서 제안해 놓은 4가지 귀 중에 마음에 드는 것을 고르세요.

1 귀1

몸통과 같은 색상의 실과 코바늘 3.0m로, 사슬뜨기 2코를 만든 후 첫 번째 사슬코에 바늘을 넣어 1단을 시작하세요.

단수	콧수	뜨는 방법
1	6	짧은뜨기 6코
2	12	늘림코 6번
3	18	(짧은뜨기 1코, 늘림코 1번)×6회
4~5	18	증감 없음.
6	12	(짧은뜨기 1코, 줄임코 1번)×6회
7	12	증감 없음. 빼뜨기 1코로 마무리하고 실을 자른다. 같은 방법으로 귀를 1개 더 만든다.

2 귀2

몸통과 같은 색상의 실과 코바늘 3.0m로, 사슬뜨기 2코를 만든 후 첫 번째 사슬코에 바늘을 넣어 1단을 시작하세요.

단수	콧수	뜨는 방법
1	6	짧은뜨기 6코
2	12	늘림코 6번
3~11	12	증감 없음. 빼뜨기 1코로 마무리하고 실을 자른다. 같은 방법으로 귀를 1개 더 만든다.

a

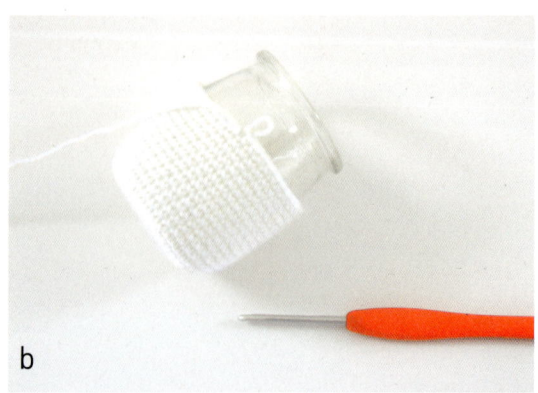

b

3 귀3

몸통과 같은 색상의 실과 코바늘 3.0m로, 사슬뜨기 2코를 만든 후 첫 번째 사슬코에 바늘을 넣어 1단을 시작하세요.

단수	콧수	뜨는 방법
1	6	짧은뜨기 6코
2	6	증감 없음.
3	12	늘림코 6번
4~8	12	증감 없음. 빼뜨기 1코로 마무리하고 실을 자른다. 같은 방법으로 귀를 1개 더 만든다.

4 귀4

몸통과 같은 색상의 실과 코바늘 3.0m로, 사슬뜨기 2코를 만든 후 첫 번째 사슬코에 바늘을 넣어 1단을 시작하세요.

단수	콧수	뜨는 방법
1	6	짧은뜨기 6코
2	12	늘림코 6번 빼뜨기 1코로 마무리하고 실을 자른다. 같은 방법으로 귀를 1개 더 만든다.

C

큰 화분싸개 만들기

큰 화분싸개

[황록색 면사 1겹+금색 금속사 1겹]과 코바늘 3.0mm로, 사슬뜨기 2코를 만든 후 첫 번째 사슬코에 바늘을 넣어 1단을 시작하세요.

단수	콧수	뜨는 방법
1	6	짧은뜨기 6코
2	12	늘림코 6번
3	18	(짧은뜨기 1코, 늘림코 1번)×6회
4	24	(짧은뜨기 2코, 늘림코 1번)×6회
5	30	(짧은뜨기 3코, 늘림코 1번)×6회
6	36	(짧은뜨기 4코, 늘림코 1번)×6회
7	42	(짧은뜨기 5코, 늘림코 1번)×6회
8	48	(짧은뜨기 6코, 늘림코 1번)×6회
9	54	(짧은뜨기 7코, 늘림코 1번)×6회
10	60	(짧은뜨기 8코, 늘림코 1번)×6회 ＊화분의 지름이 더 크다면 바닥 크기에 맞을 때까지 위와 같은 방법으로 계속 코를 늘리며 뜬다. ▶사진 d
11~32	60	증감 없음. 빼뜨기 1코로 마무리하고 실을 자른다. ▶사진 e

큰 캐릭터

1 몸통

흰색 면사와 코바늘 3.0mm로, 사슬뜨기 2코를 만든 후 첫 번째 사슬코에 바늘을 넣어 1단을 시작하세요.

단수	콧수	뜨는 방법
1	6	짧은뜨기 6코
2	12	늘림코 6번
3	18	(짧은뜨기 1코, 늘림코 1번)×6회
4~12	18	증감 없음. 빼뜨기 1코로 마무리하고 실을 자른다.

2 귀

흰색 면사와 코바늘 3.0mm로, 사슬뜨기 2코를 만든 후 첫 번째 사슬코에 바늘을 넣어 1단을 시작하세요.

단수	콧수	뜨는 방법
1	6	짧은뜨기 6코
2	12	늘림코 6번 빼뜨기 1코로 마무리하고 실을 자른다. 같은 방법으로 귀를 1개 더 만든다.

3 검정색 자수실로 몸통에 눈과 귀를 꿰매고 입을 수놓으세요. ▶사진 f

d

e

작은 캐릭터

1 몸통

흰색 면사와 코바늘 3.0mm로, 사슬뜨기 2코를 만든 후 첫 번째 사슬코에 바늘을 넣어 1단을 시작하세요.

2 검정색 자수실로 몸통에 눈과 귀를 꿰매고 입을 수놓으세요.

단수	콧수	뜨는 방법
1	6	짧은뜨기 6코
2	12	늘림코 6번
3~7	12	증감 없음. 빼뜨기 1코로 마무리하고 실을 자른다.

응용하기

화분싸개의 색상이나 크기를 다르게 만들어 보세요. 갖고 있는 화분의 지름에 따라 화분바닥의 늘림코 횟수만 변경하면 됩니다!

3 귀

흰색 면사와 코바늘 3.0mm로, 사슬뜨기 2코를 만든 후 첫 번째 사슬코에 바늘을 넣어 1단을 시작하세요.

단수	콧수	뜨는 방법
1	6	짧은뜨기 6코 빼뜨기 1코로 마무리하고 실을 자른다. 같은 방법으로 귀를 1개 더 만든다.

연결하기

1 작은 화분싸개에는 돗바늘을 이용하여 화분싸개 몸통의 위쪽 가장자리에 귀를 꿰매세요. ▶사진 g 얼굴의 중앙에 눈과 입을 수놓으세요. ▶사진 h

2 얼굴에 볼터치를 하세요. ▶p.15의 '얼굴 만들기' 참고

3 큰 화분싸개에는 화분싸개 몸통의 안쪽에 캐릭터들을 꿰매세요. ▶사진 i

f

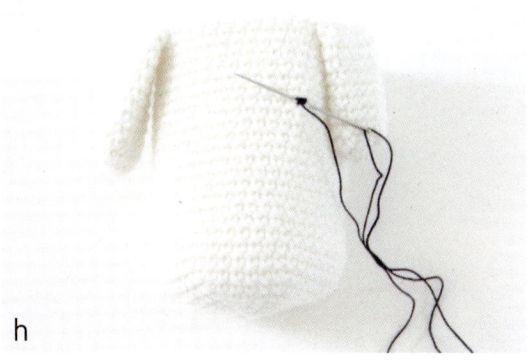

h

g

i

작은 화분싸개

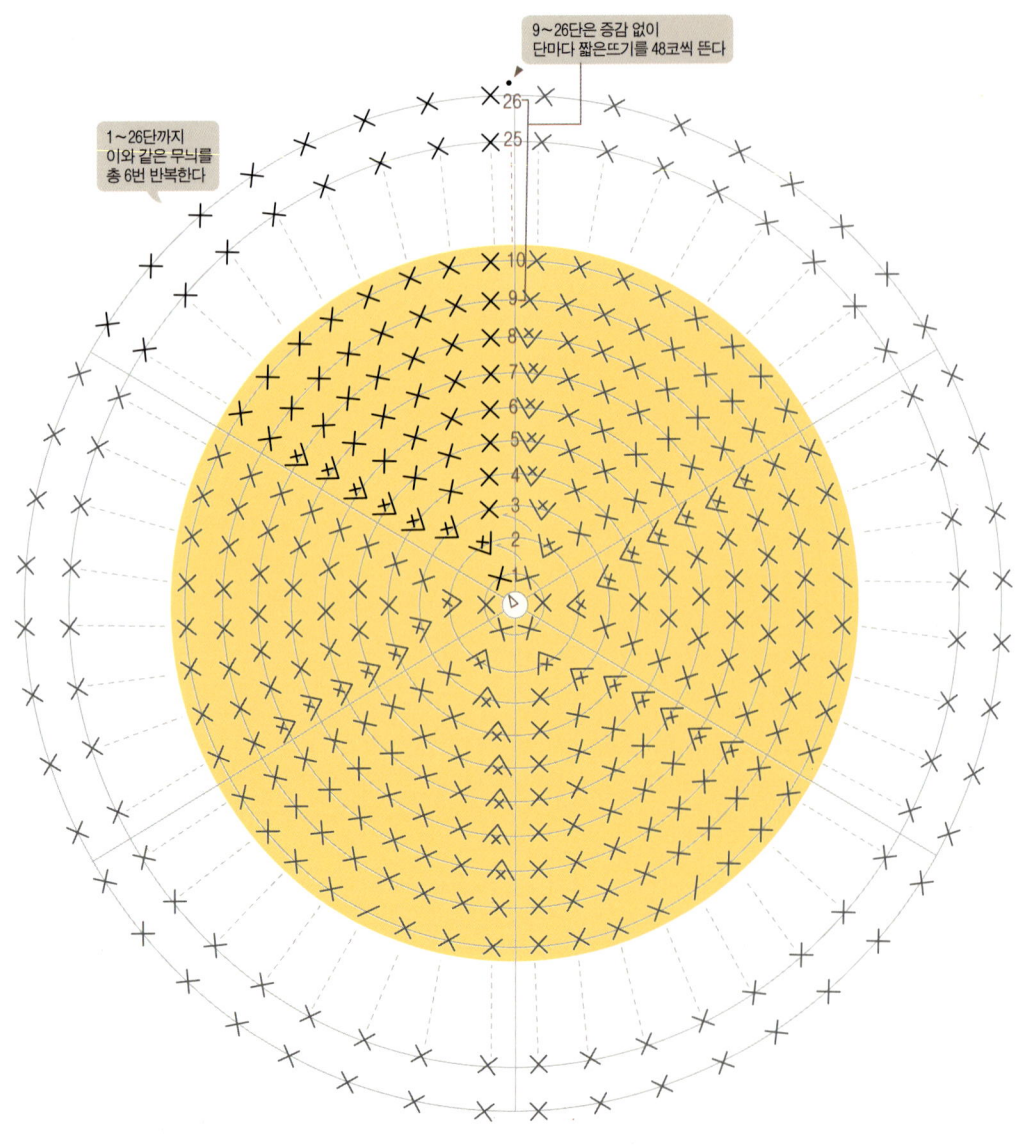

9~26단은 증감 없이
단마다 짧은뜨기를 48코씩 뜬다

1~26단까지
이와 같은 무늬를
총 6번 반복한다

작은 화분싸개 귀1-2개

이와 같은 무늬를
총 6번 반복한다

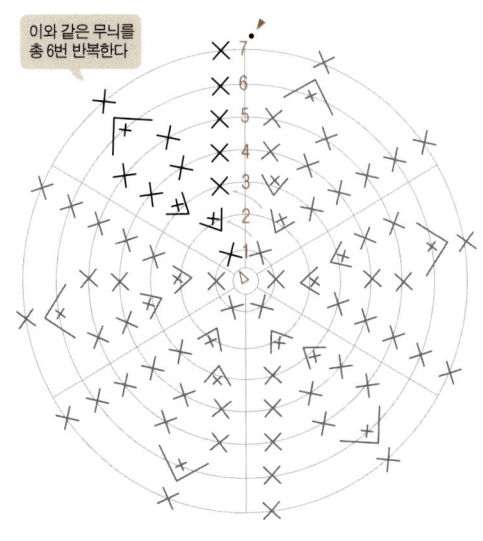

작은 화분싸개 귀2-2개

3~11단은 증감 없이
단마다 짧은뜨기를 12코씩 뜬다

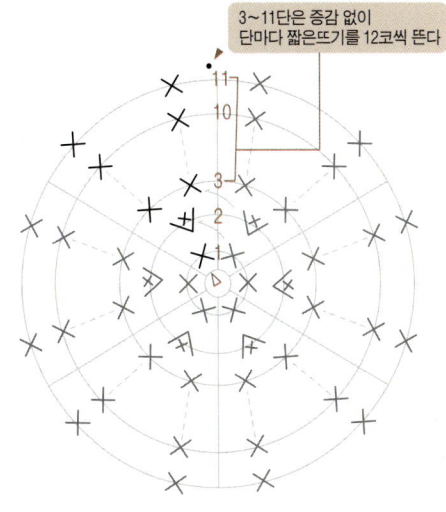

작은 화분싸개 귀3- 2개

4~8단은 증감 없이
단마다 짧은뜨기를 12코씩 뜬다

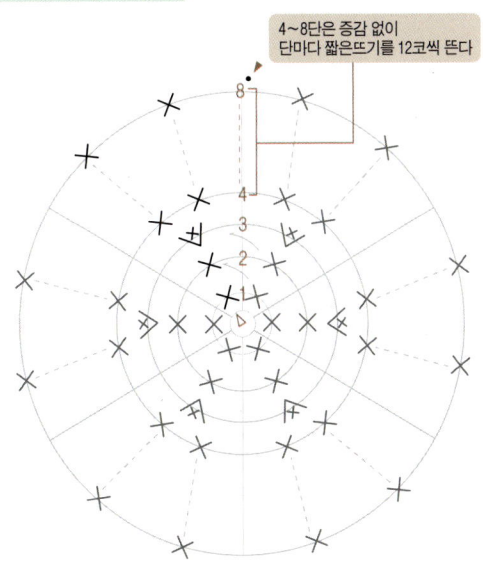

작은 화분싸개 귀4-2개

큰 화분싸개

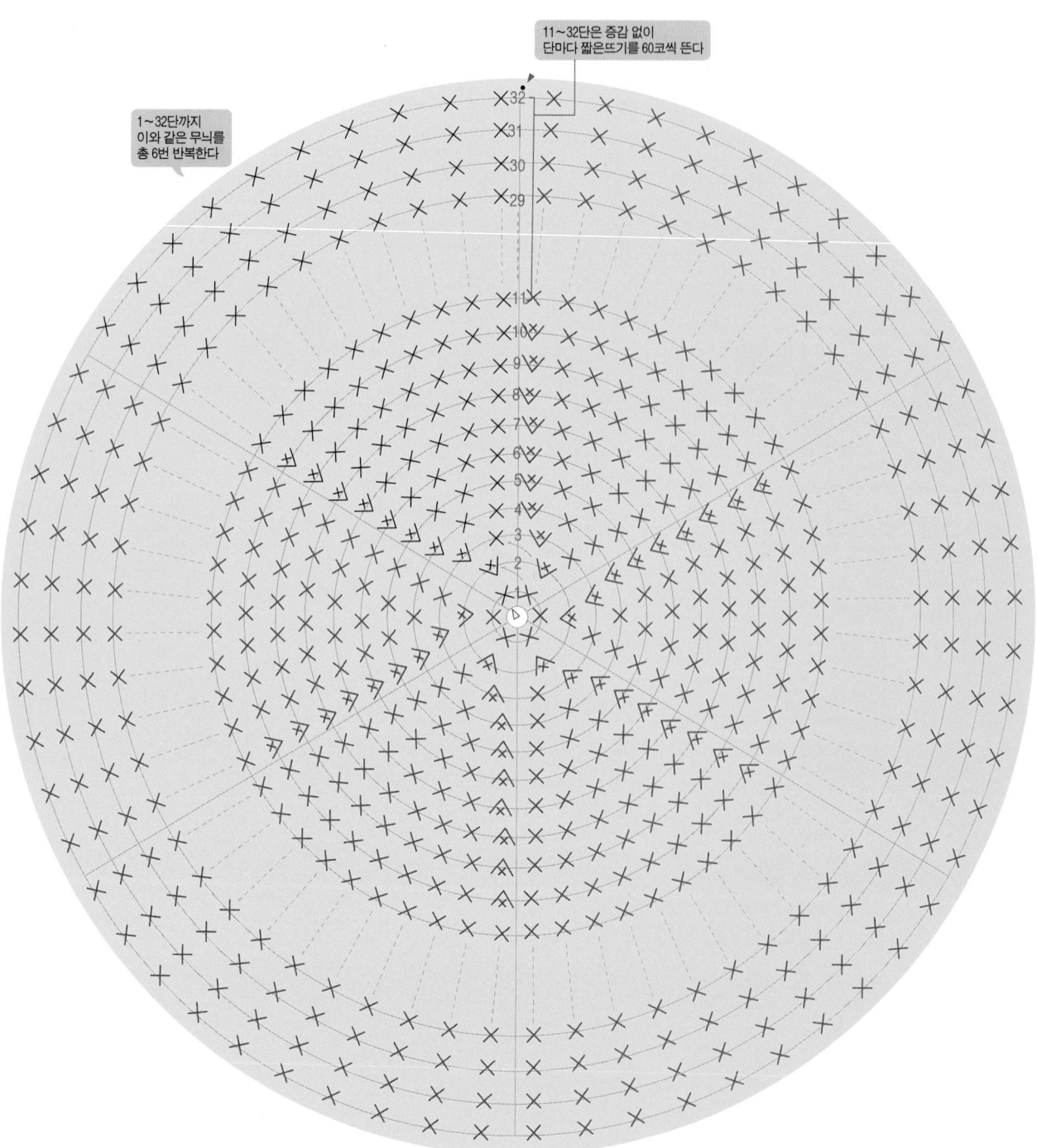

11~32단은 증감 없이
단마다 짧은뜨기를 60코씩 뜬다

1~32단까지
이와 같은 무늬를
총 6번 반복한다

큰 캐릭터 몸통

작은 캐릭터 몸통

1~12단까지
이와 같은 무늬를
총 6번 반복한다

4~12단은 증감 없이
단마다 짧은뜨기를 18코씩 뜬다

3~7단은 증감 없이
단마다 짧은뜨기를 12코씩 뜬다

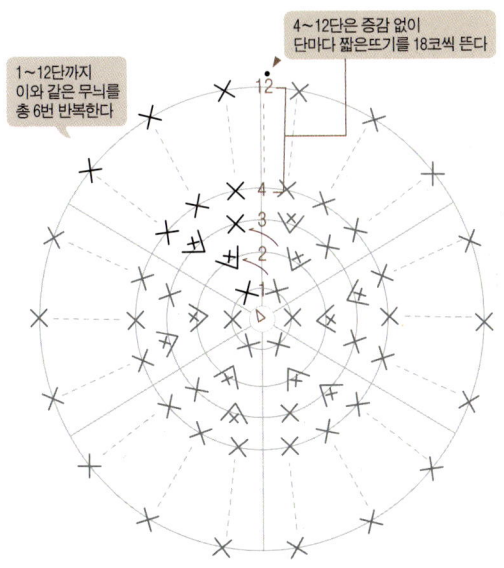

큰 캐릭터 귀-2개

작은 캐릭터 귀-2개

PINGOUIN XL
XL 펭귄

어마어마한 사이즈에 놀라지 마세요!
독특한 실과 10.0mm짜리 점보코바늘로 생각보다 빠르게
이 커다란 펭귄을 뜰 수 있어요. 아이의 방에 떡하니 자리 잡을
거대한 펭귄을 상상해보세요. 볼 때마다 흐뭇할 거예요.

✖ ✖

✖재료
회색 실(DMC사의 Ribbon XL) 8볼
흰색 면사(DMC사의 Natura Ibiza 01번) 3볼
연회색 면사(DMC사의 Natura Ambar 04번) 4볼
검정색 면사(DMC사의 Natura Noir 11번) 1볼
은회색 면사(DMC사의 Natura Gris argent 09번) 1볼
은색 금속사(DMC사의 Lumina Argent L3866) 1볼
코바늘 10.0mm
코바늘 8.0mm
코바늘 3.0mm(모사용 코바늘 5/0호)
기본 키트(p.9)

✖사용한 뜨개기법
사슬뜨기, 짧은뜨기, 빼뜨기

✖표 보는 방법
작품은 짧은뜨기로 떠요. '늘림코'는 '짧은뜨기 2코 늘려뜨기'이고, '줄임코'는 '짧은뜨기 2코 모아
뜨기'예요. '증감 없음'은 '코마다 짧은뜨기 1코씩 뜨기'를 뜻해요. 같은 단에서 동일한 뜨기가 반복
될 경우 '[ ] × ○회'로 표시했어요.

✖도움말
각 조각을 다 뜨고 마무리
할 때는 실을 50cm 정도
남기고 자르세요. 펭귄의
몸통에 연결할 때 이 실을
사용합니다.

머리

회색 실(Ribbon XL)과 코바늘 10.0mm로, 사슬뜨기 2코를 만든 후 첫 번째 사슬코에 바늘을 넣어 1단을 시작하세요.

단수	콧수	뜨기
1	6	짧은뜨기 6코
2	12	늘림코 6번
3	18	(짧은뜨기 1코, 늘림코 1번)×6회
4	24	(짧은뜨기 2코, 늘림코 1번)×6회
5	30	(짧은뜨기 3코, 늘림코 1번)×6회
6	36	(짧은뜨기 4코, 늘림코 1번)×6회
7	42	(짧은뜨기 5코, 늘림코 1번)×6회
8	48	(짧은뜨기 6코, 늘림코 1번)×6회
9	54	(짧은뜨기 7코, 늘림코 1번)×6회
10	60	(짧은뜨기 8코, 늘림코 1번)×6회
11	66	(짧은뜨기 9코, 늘림코 1번)×6회
12	72	(짧은뜨기 10코, 늘림코 1번)×6회
13	78	(짧은뜨기 11코, 늘림코 1번)×6회
14	84	(짧은뜨기 12코, 늘림코 1번)×6회
15	90	(짧은뜨기 13코, 늘림코 1번)×6회
16	96	(짧은뜨기 14코, 늘림코 1번)×6회
17	102	(짧은뜨기 15코, 늘림코 1번)×6회
18~31	102	증감 없음. 빼뜨기 1코로 마무리하고 실을 자른다. ▶사진 a

몸통

회색 실(Ribbon XL)과 코바늘 10.0mm로, 사슬뜨기 2코를 만든 후 첫 번째 사슬코에 바늘을 넣어 1단을 시작하세요.

단수	콧수	뜨는 방법
1	6	짧은뜨기 6코
2	12	늘림코 6번
3	18	(짧은뜨기 1코, 늘림코 1번)×6회
4	24	(짧은뜨기 2코, 늘림코 1번)×6회
5	30	(짧은뜨기 3코, 늘림코 1번)×6회
6	36	(짧은뜨기 4코, 늘림코 1번)×6회
7	42	(짧은뜨기 5코, 늘림코 1번)×6회
8	48	(짧은뜨기 6코, 늘림코 1번)×6회
9	54	(짧은뜨기 7코, 늘림코 1번)×6회
10	60	(짧은뜨기 8코, 늘림코 1번)×6회
11	66	(짧은뜨기 9코, 늘림코 1번)×6회
12	72	(짧은뜨기 10코, 늘림코 1번)×6회
13	72	증감 없음.
14	78	(짧은뜨기 11코, 늘림코 1번)×6회
15	84	(짧은뜨기 12코, 늘림코 1번)×6회
16	90	(짧은뜨기 13코, 늘림코 1번)×6회
17	90	증감 없음.
18	96	(짧은뜨기 14코, 늘림코 1번)×6회
19	102	(짧은뜨기 15코, 늘림코 1번)×6회
20	108	(짧은뜨기 16코, 늘림코 1번)×6회
21	114	(짧은뜨기 17코, 늘림코 1번)×6회
22~51	114	증감 없음.
52	108	(짧은뜨기 17코, 줄임코 1번)×6회
53~55	108	증감 없음.
56	102	(짧은뜨기 16코, 줄임코 1번)×6회 빼뜨기 1코로 마무리하고 실을 자른다. ▶사진 b

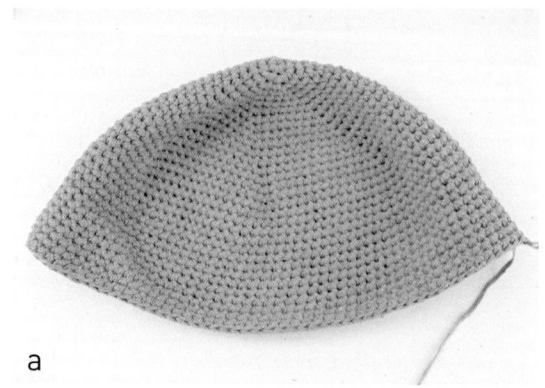

a

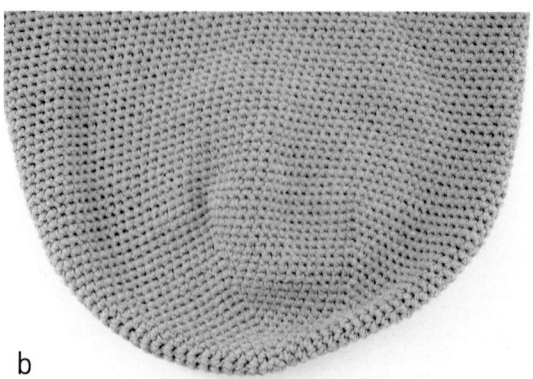

b

날개

회색 실(Ribbon XL)과 코바늘 10.0mm로, 사슬뜨기 2코를 만든 후 첫 번째 사슬코에 바늘을 넣어 1단을 시작하세요.

단수	콧수	뜨는 방법
1	6	짧은뜨기 6코
2	12	늘림코 6번
3	18	(짧은뜨기 1코, 늘림코 1번)×6회
4	24	(짧은뜨기 2코, 늘림코 1번)×6회
5	30	(짧은뜨기 3코, 늘림코 1번)×6회
6	36	(짧은뜨기 4코, 늘림코 1번)×6회
7	36	증감 없음.
8	42	(짧은뜨기 5코, 늘림코 1번)×6회
9~32	42	증감 없음. 빼뜨기 1코로 마무리하고 실을 자른다. 같은 방법으로 날개를 1개 더 만든다. 솜은 넣지 않는다. ▶사진 c

눈동자

검정색 실과 코바늘 3.0mm로, 사슬뜨기 2코를 만든 후 첫 번째 사슬코에 바늘을 넣어 1단을 시작하세요.

단수	콧수	뜨느 방법
1	6	짧은뜨기 6코
2	12	늘림코 6번
3	18	(짧은뜨기 1코, 늘림코 1번)×6회
4	24	(짧은뜨기 2코, 늘림코 1번)×6회 빼뜨기 1코로 마무리하고 실을 자른다. 같은 방법으로 눈동자를 1개 더 만든다.

눈

[흰색 실 2겹+연회색 실 1겹]과 코바늘 8.0mm로, 사슬뜨기 2코를 만든 후 첫 번째 사슬코에 바늘을 넣어 1단을 시작하세요.

단수	콧수	뜨는 방법
1	6	짧은뜨기 6코
2	12	늘림코 6번
3	18	(짧은뜨기 1코, 늘림코 1번)×6회
4	24	(짧은뜨기 2코, 늘림코 1번)×6회
5	30	(짧은뜨기 3코, 늘림코 1번)×6회
6	36	(짧은뜨기 4코, 늘림코 1번)×6회
7	42	(짧은뜨기 5코, 늘림코 1번)×6회
8	48	(짧은뜨기 6코, 늘림코 1번)×6회
9	54	(짧은뜨기 7코, 늘림코 1번)×6회
10	60	(짧은뜨기 8코, 늘림코 1번)×6회
11	66	(짧은뜨기 9코, 늘림코 1번)×6회
12	72	(짧은뜨기 10코, 늘림코 1번)×6회
13	78	(짧은뜨기 11코, 늘림코 1번)×6회
14	84	(짧은뜨기 12코, 늘림코 1번)×6회
15	90	(짧은뜨기 13코, 늘림코 1번)×6회 빼뜨기 1코로 마무리하고 실을 자른다. ▶사진 d

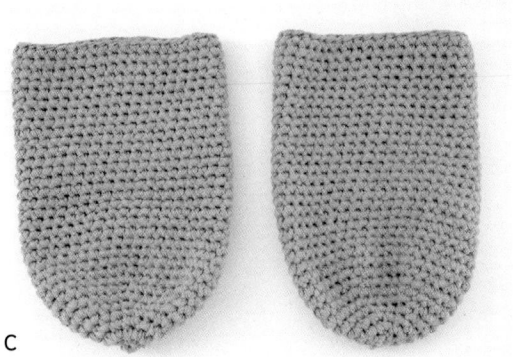

c

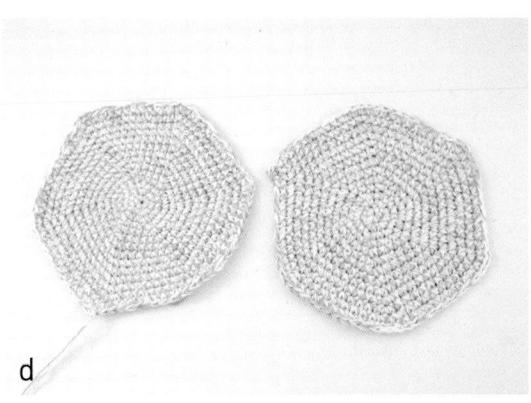

d

배

[흰색 실 2겹+연회색 실 1겹]과 코바늘 8.0mm로, 사슬뜨기 2코를 만든 후 첫 번째 사슬코에 바늘을 넣어 1단을 시작하세요.

단수	콧수	뜨는 방법
1	6	짧은뜨기 6코
2	12	늘림코 6번
3	18	(짧은뜨기 1코, 늘림코 1번)×6회
4	24	(짧은뜨기 2코, 늘림코 1번)×6회
5	30	(짧은뜨기 3코, 늘림코 1번)×6회
6	36	(짧은뜨기 4코, 늘림코 1번)×6회
7	42	(짧은뜨기 5코, 늘림코 1번)×6회
8	48	(짧은뜨기 6코, 늘림코 1번)×6회
9	54	(짧은뜨기 7코, 늘림코 1번)×6회
10	60	(짧은뜨기 8코, 늘림코 1번)×6회
11	66	(짧은뜨기 9코, 늘림코 1번)×6회
12	72	(짧은뜨기 10코, 늘림코 1번)×6회
13	78	(짧은뜨기 11코, 늘림코 1번)×6회
14	84	(짧은뜨기 12코, 늘림코 1번)×6회
15	90	(짧은뜨기 13코, 늘림코 1번)×6회
16	96	(짧은뜨기 14코, 늘림코 1번)×6회
17	102	(짧은뜨기 15코, 늘림코 1번)×6회
18	108	(짧은뜨기 16코, 늘림코 1번)×6회
19	114	(짧은뜨기 17코, 늘림코 1번)×6회
20	120	(짧은뜨기 18코, 늘림코 1번)×6회
21	126	(짧은뜨기 19코, 늘림코 1번)×6회
22	132	(짧은뜨기 20코, 늘림코 1번)×6회
23	138	(짧은뜨기 21코, 늘림코 1번)×6회
24	144	(짧은뜨기 22코, 늘림코 1번)×6회
25	150	(짧은뜨기 23코, 늘림코 1번)×6회
26	156	(짧은뜨기 24코, 늘림코 1번)×6회
27	162	(짧은뜨기 25코, 늘림코 1번)×6회
28	168	(짧은뜨기 26코, 늘림코 1번)×6회
29	174	(짧은뜨기 27코, 늘림코 1번)×6회
30	180	(짧은뜨기 28코, 늘림코 1번)×6회
31	186	(짧은뜨기 29코, 늘림코 1번)×6회
32	192	(짧은뜨기 30코, 늘림코 1번)×6회 빼뜨기 1코로 마무리하고 실을 자른다.

부리

[회색 실(Ribbon XL) 1겹+검정색 실 1겹]과 코바늘 10.0mm로, 사슬뜨기 2코를 만든 후 첫 번째 사슬코에 바늘을 넣어 1단을 시작하세요.

단수	콧수	뜨는 방법
1	6	짧은뜨기 6코
2	12	늘림코 6번
3	18	(짧은뜨기 1코, 늘림코 1번)×6회
4	24	(짧은뜨기 2코, 늘림코 1번)×6회
5	30	(짧은뜨기 3코, 늘림코 1번)×6회
6	36	(짧은뜨기 4코, 늘림코 1번)×6회
7~14	36	증감 없음. 빼뜨기 1코로 마무리하고 실을 자른다. ▶사진 e

e

f

삼각형 다섯 개

[은회색 실 1겹+은색 금속사 1겹]과 코바늘 3.0mm로, 사슬뜨기 1코를 뜬 후 왕복으로 평뜨기 하세요. 기둥코로 뜬 사슬코는 콧수로 세지 않아요.

단수	콧수	뜨는 방법
1	2	기둥코(사슬코) 1코, 늘림코 1번 (편물 뒤로 돌리기) *1단의 늘림코는 처음 뜬 사슬뜨기 1코에 바늘을 넣어 짧은뜨기 2코 뜨기
2	3	기둥코 1코, 짧은뜨기 1코, 늘림코 1번 (편물 뒤로 돌리기)
3	4	기둥코 1코, 짧은뜨기 2코, 늘림코 1번 (편물 뒤로 돌리기)
4	5	기둥코 1코, 짧은뜨기 3코, 늘림코 1번 (편물 뒤로 돌리기)
5	6	기둥코 1코, 짧은뜨기 4코, 늘림코 1번 (편물 뒤로 돌리기)
6	7	기둥코 1코, 짧은뜨기 5코, 늘림코 1번 (편물 뒤로 돌리기)
7~17	8~18	기둥코 1코, 1코 남을 때까지 짧은뜨기, 늘림코 1번 (편물 뒤로 돌리기) 빼뜨기 1코로 마무리하고 실을 자른다. ▶사진 f

연결하기

1 펭귄의 몸통과 머리를 한 코씩 연결할 거예요. 코바늘 10.0mm를 이용하여, 머리의 1코에 바늘을 넣어 실을 걸어 빼고 몸통의 1코에 바늘을 넣어 실을 걸어 빼면서 둘레 전체를 연결해요. 그 과정에서 인형 속에 솜을 단단히 채우세요.

2 흰색 눈에 검정색 눈동자를 꿰매세요. ▶사진 g

3 펭귄의 머리에 눈 2개를 꿰매세요.

4 펭귄의 몸통에 동그란 배를 꿰매세요. ▶사진 h

5 펭귄의 두 눈 사이에 부리를 꿰매세요. 필요한 경우 부리에 솜을 조금 넣고 꿰매세요. ▶사진 i

6 머리와 몸통이 연결된 지점에 날개를 고정하세요. ▶사진 j

7 펭귄의 배에 삼각형들을 꿰매세요.

8 펭귄의 얼굴에 볼터치를 하세요. ▶p.15의 '얼굴 만들기' 참고

✖도움말

주저하지 말고 펭귄의 몸통에 솜을 단단히 채우세요. 그래야 펭귄의 모양이 안정감 있게 잘 잡힌답니다. 솜이 부족하다면 아이들의 오래된 인형이나 더 이상 사용하지 않는 쿠션의 솜을 재활용해도 좋아요.

g

i

h

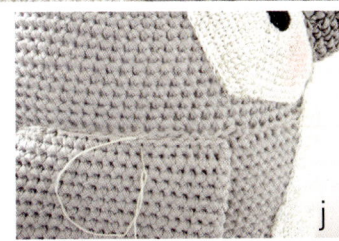

j

응용하기

서로 다른 크기의 펭귄 가족을 떠보는 것은 어떨까요. 조금 작은 코바늘과 그에 맞는 굵기의 실을 사용하여 같은 방법으로 뜨면 됩니다. 효과는 보장할 수 있어요!

머리

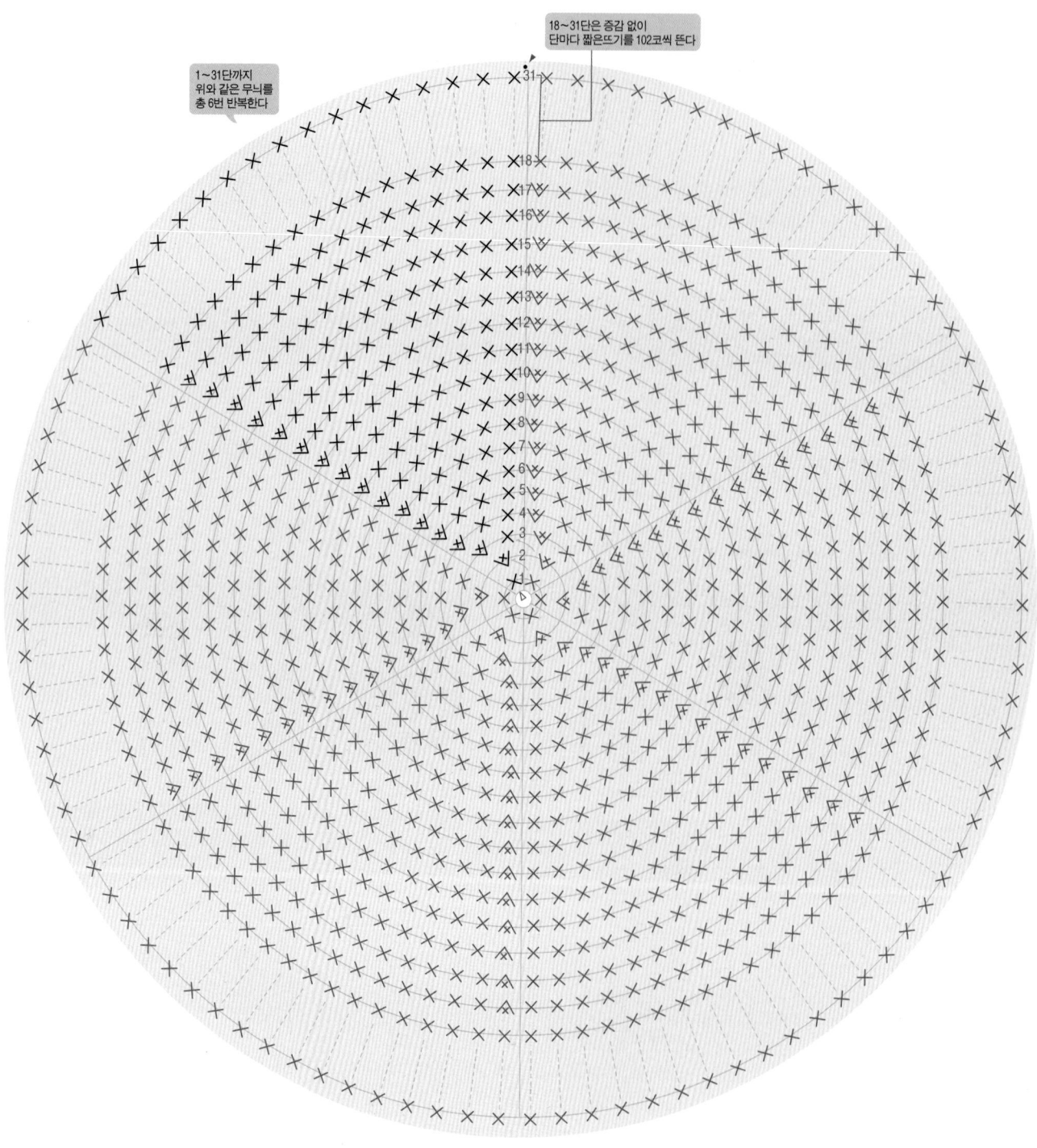

1~31단까지
위와 같은 무늬를
총 6번 반복한다

18~31단은 증감 없이
단마다 짧은뜨기를 102코씩 뜬다

몸통

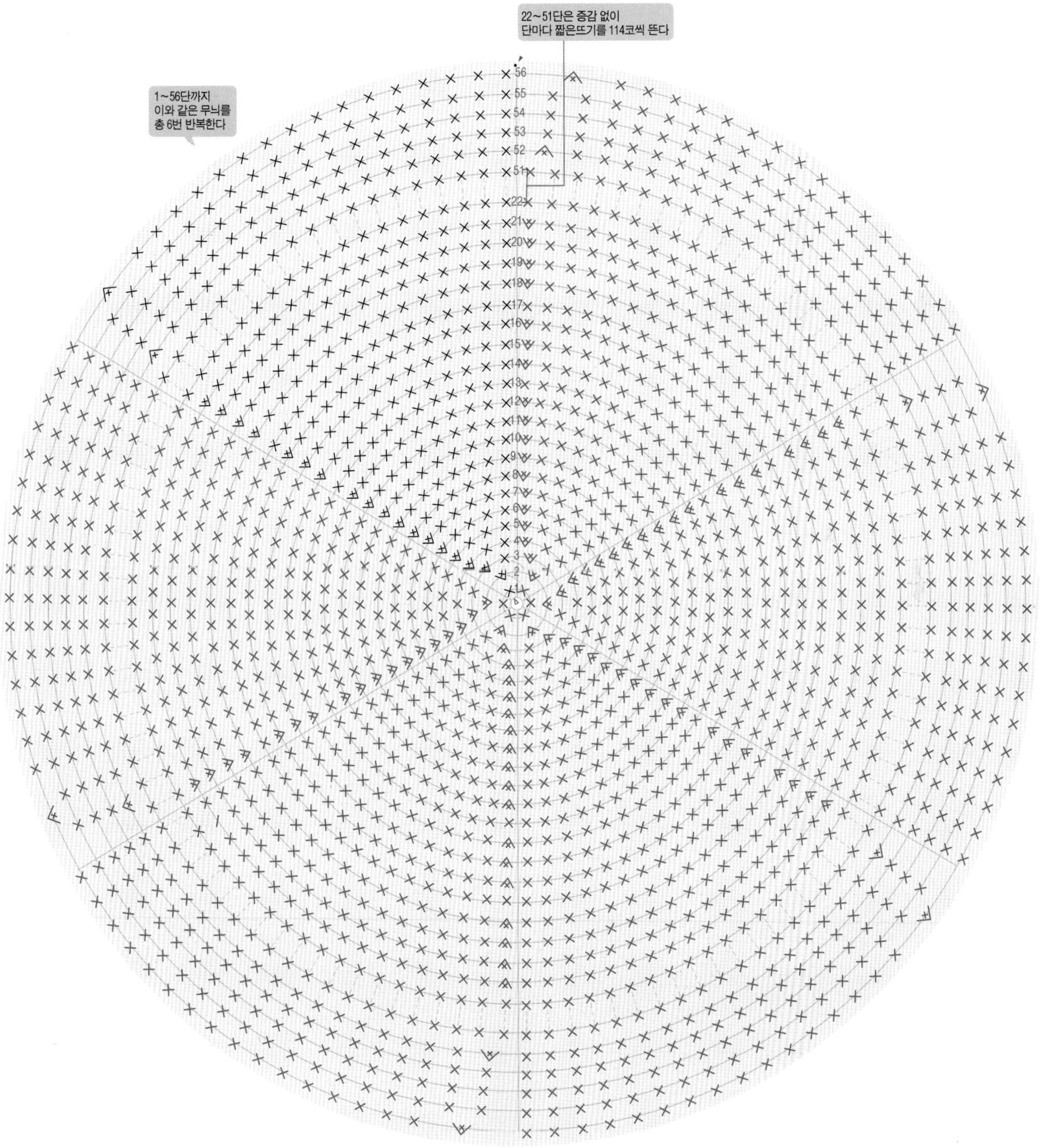

22~51단은 증감 없이
단마다 짧은뜨기를 114코씩 뜬다

1~56단까지
이와 같은 무늬를
총 6번 반복한다

날개-2개

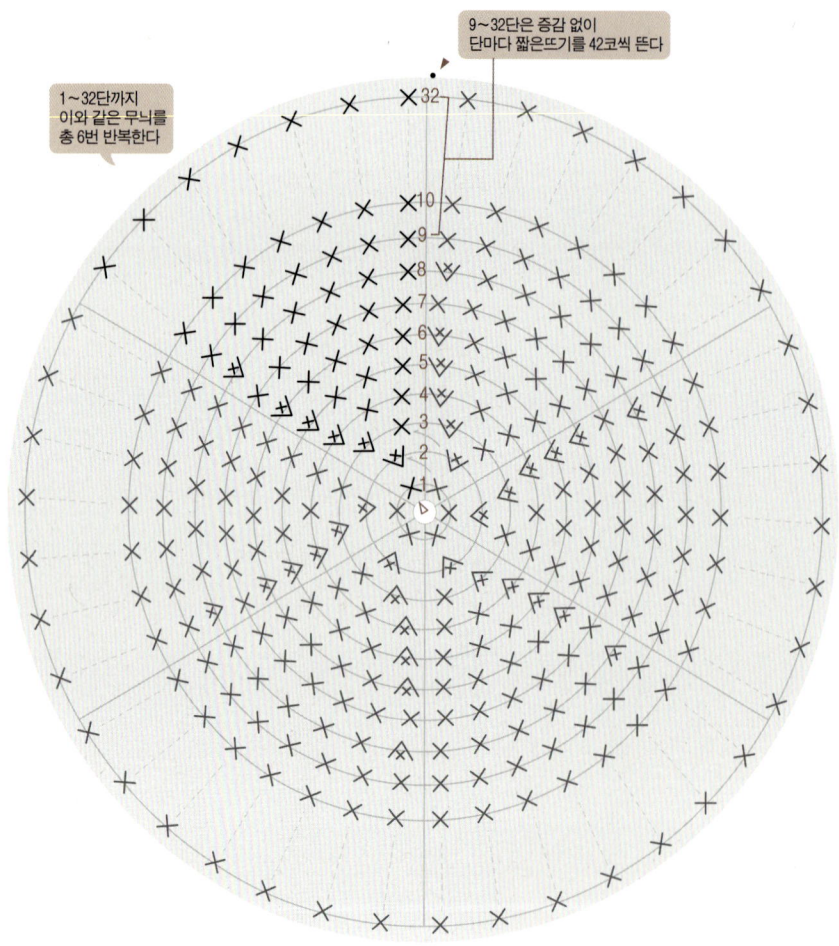

9~32단은 증감 없이
단마다 짧은뜨기를 42코씩 뜬다

1~32단까지
이와 같은 무늬를
총 6번 반복한다

눈-2개

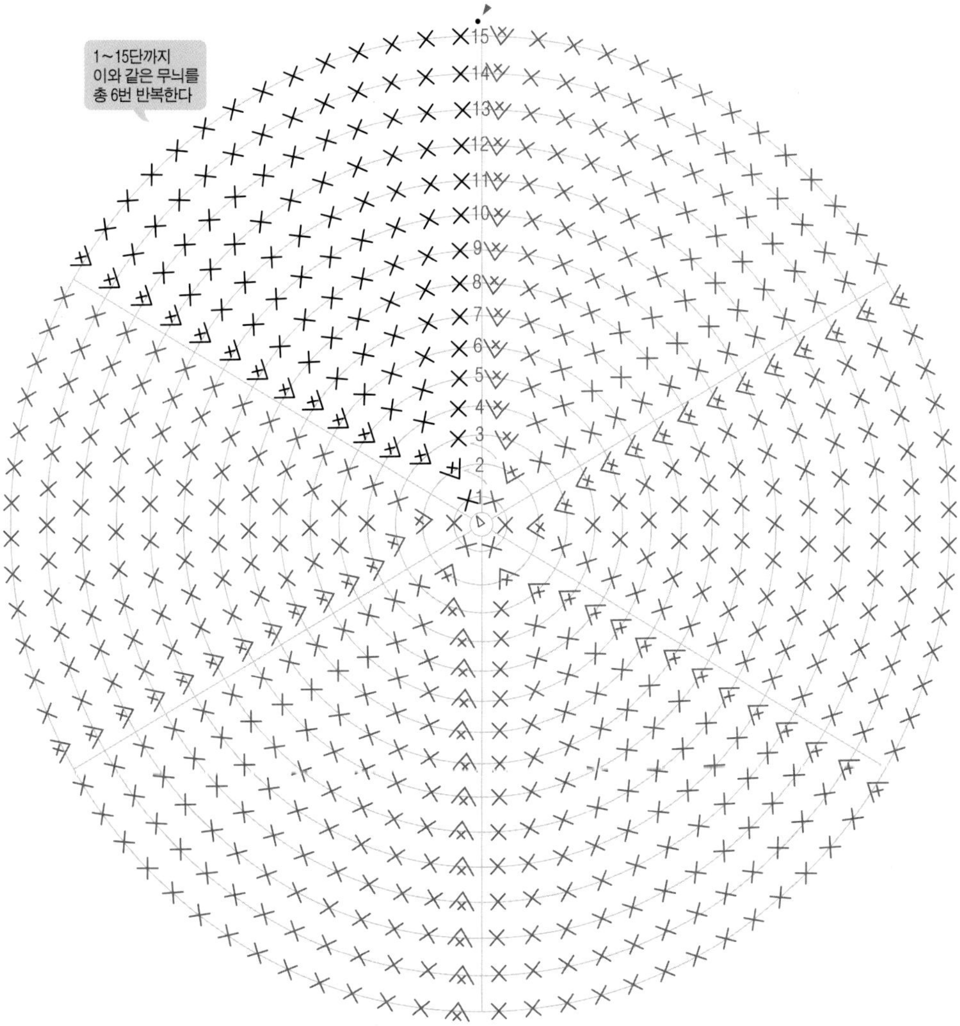

1~15단까지
이와 같은 무늬를
총 6번 반복한다

15
14
13
12
11
10
9
8
7
6
5
4
3
2
1

눈동자-2개

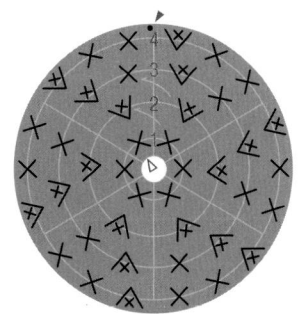

4
3
2
1

배

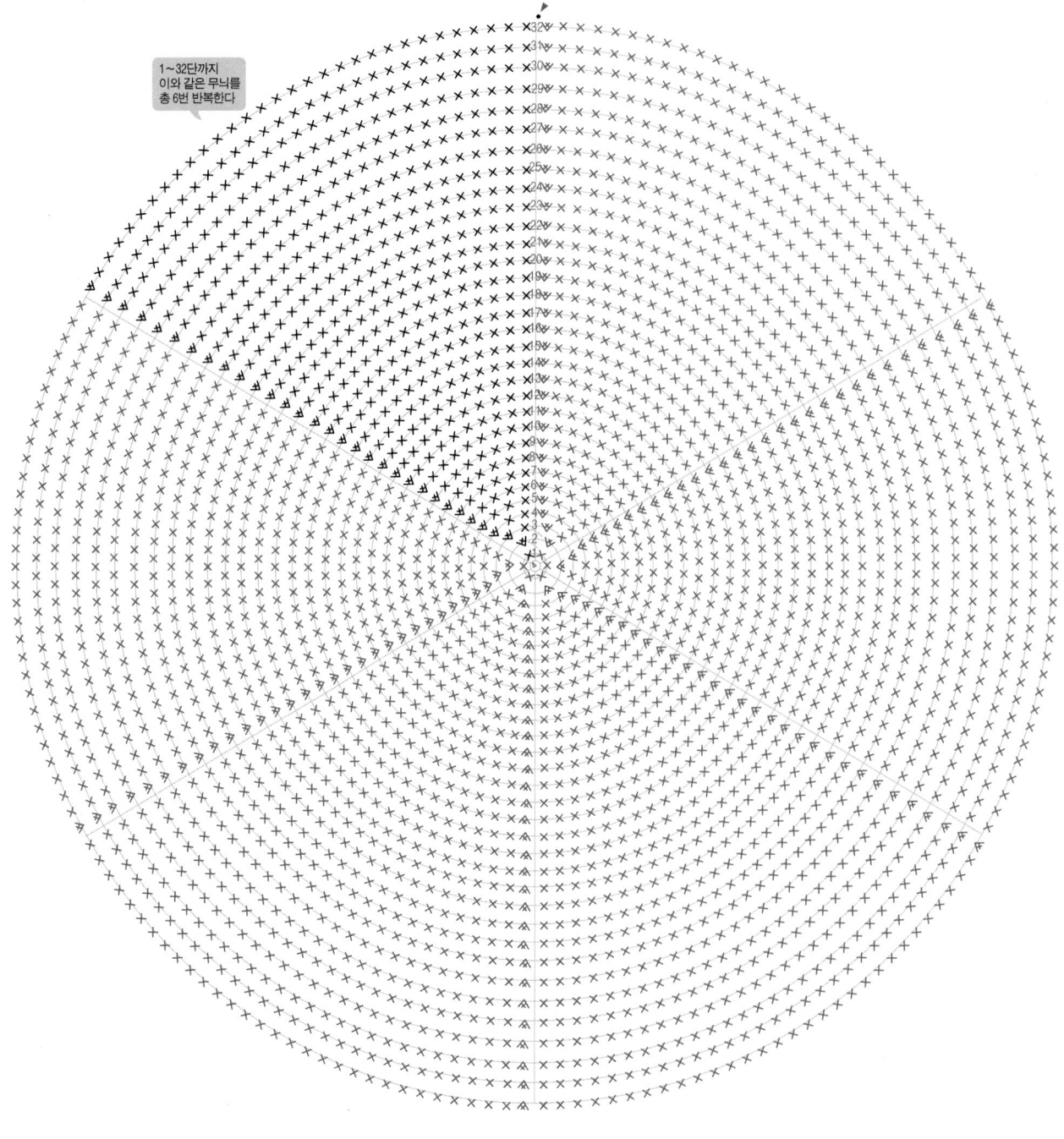

1~32단까지
이와 같은 무늬를
총 6번 반복한다

부리

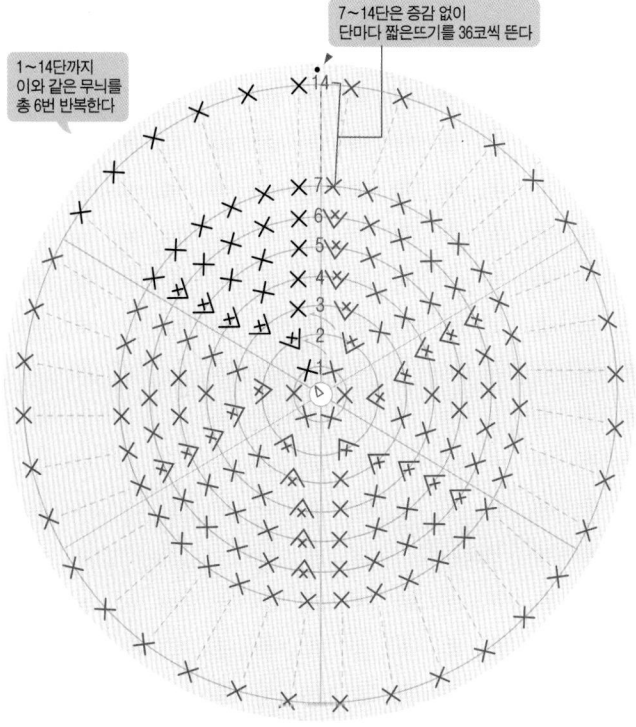

7~14단은 증감 없이
단마다 짧은뜨기를 36코씩 뜬다

1~14단까지
이와 같은 무늬를
총 6번 반복한다

삼각형-5개

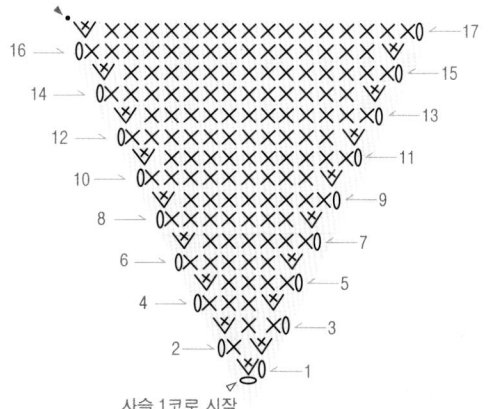

사슬 1코로 시작

GLOBULE ET CAPSULE
글로불과 캡슐

두 개의 코바늘 뜨개 쿠션으로 아이의 방에 포인트를 더해보세요.
4살 된 제 딸 루이즈는 이 쿠션이 생쥐를 닮았다고 하더군요.
만들기가 아주 쉬운 작품으로, 초보자도 뜰 수 있어요.

✕ ✕

✖ 재료
【작은 쿠션(캡슐)】 아이보리색 면사(DMC사의 Natura XL Blanc cassé 3번) 1볼 • 연두색 면사
(DMC사의 Natura XL Vert 83번) 2볼 • 하늘색 면사(DMC사의 Natura XL Bleu layette 5번) 1볼 •
코바늘 6.0mm(모사용 코바늘 10/0호) • 코바늘 3.0mm(모사용 코바늘 5/0호)
【큰 쿠션(글로불)】 아이보리색 면사(DMC사의 Natura XL Blanc cassé 3번) 2볼 • 하늘색 면사
(DMC사의 Natura XL Bleu clair 73번) 2볼 • 분홍색 면사(DMC사의 Natura XL Rose 41번) 1볼 •
황록색 면사(DMC사의 Natura Moss green 75번) 1볼 • 검정색 면사(DMC사의 Natura Noir 11번)
조금 • 금색 금속사(DMC사의 Lumina Or L677) 1볼 • 코바늘 6.0mm(모사용 코바늘 10/0호) • 코
바늘 3.5mm(모사용 코바늘 6/0호)
기본 키트(p.9)

✖ 사용한 뜨개기법
사슬뜨기, 짧은뜨기, 빼뜨기

✖ 표 보는 방법
작품은 짧은뜨기로 떠요. '늘림코'는 '짧은뜨기 2코 늘려뜨기'이고, '줄임코'는 '짧은뜨기 2코 모아
뜨기'예요. '증감 없음'은 '코마다 짧은뜨기 1코씩 뜨기'를 뜻해요. 같은 단에서 동일한 뜨기가 반
복될 경우 '( )×○회'로 표시했어요.

작은 쿠션 앞면

연두색 실과 코바늘 6.0mm로, 사슬뜨기 2코를 만든 후 첫 번째 사슬코에 바늘을 넣어 1단을 시작하세요.

단수	콧수	뜨는 방법
1	6	짧은뜨기 6코
2	12	늘림코 6번
3	18	(짧은뜨기 1코, 늘림코 1번)×6회
4	24	(짧은뜨기 2코, 늘림코 1번)×6회
5	30	(짧은뜨기 3코, 늘림코 1번)×6회
6	36	(짧은뜨기 4코, 늘림코 1번)×6회
7	42	(짧은뜨기 5코, 늘림코 1번)×6회
8	48	(짧은뜨기 6코, 늘림코 1번)×6회
9	54	(짧은뜨기 7코, 늘림코 1번)×6회
10	60	(짧은뜨기 8코, 늘림코 1번)×6회
11	66	(짧은뜨기 9코, 늘림코 1번)×6회
12	72	(짧은뜨기 10코, 늘림코 1번)×6회
13~15	72	증감 없음. 빼뜨기 1코로 마무리하고 실을 자른다. ▶사진 a

작은 쿠션 뒷면

아이보리색 실과 코바늘 6.0mm로, 사슬뜨기 2코를 만든 후 첫 번째 사슬코에 바늘을 넣어 1단을 시작하세요.

단수	콧수	색상	뜨는 방법
1	6	아이보리색	짧은뜨기 6코
2	12		늘림코 6번
3	18		(짧은뜨기 1코, 늘림코 1번)×6회
4	24		(짧은뜨기 2코, 늘림코 1번)×6회
5	30		(짧은뜨기 3코, 늘림코 1번)×6회
6	36		(짧은뜨기 4코, 늘림코 1번)×6회
7	42		(짧은뜨기 5코, 늘림코 1번)×6회
8	48		(짧은뜨기 6코, 늘림코 1번)×6회
9	54	연두색	(짧은뜨기 7코, 늘림코 1번)×6회
10	60		(짧은뜨기 8코, 늘림코 1번)×6회
11	66		(짧은뜨기 9코, 늘림코 1번)×6회
12	72		(짧은뜨기 10코, 늘림코 1번)×6회
13~15	72		증감 없음. 빼뜨기 1코로 마무리하고 실을 자른다. ▶사진 b

a

b

✕

작은 쿠션 귀

연두색 실과 코바늘 6.0mm로, 사슬뜨기 2코를 만든 후 첫 번째 사슬코에 바늘을 넣어 1단을 시작하세요.

단수	콧수	뜨는 방법
1	6	짧은뜨기 6코
2	12	늘림코 6번
3	18	(짧은뜨기 1코, 늘림코 1번)×6회
4	24	(짧은뜨기 2코, 늘림코 1번)×6회
5~9	24	증감 없음. 빼뜨기 1코로 마무리하고 실을 자른다. 같은 방법으로 귀를 1개 더 만든다. ▶사진 c

4. 작은 쿠션 나비넥타이

1 하늘색 실과 코바늘 3.0mm로, 사슬뜨기 20코를 뜬 후 왕복으로 평뜨기 하세요. 각 단의 시작은 사슬뜨기 1코로 기둥코를 세워 짧은뜨기 첫코와 높이를 맞춰주세요. 기둥코로 뜬 사슬코는 콧수로 세지 않아요.

단수	콧수	뜨는 방법
1~16	20	기둥코(사슬코) 1코, 짧은뜨기 20코 빼뜨기 1코로 마무리하고, 실을 최소한 40cm 남기고 자른다.

2 남은 실을 돗바늘에 끼우고 직사각형 편물의 가운데로 실을 빼서, 가운데를 실로 여러 바퀴 감아 나비넥타이 모양을 만드세요. 첫 단에 남아있는 실을 가운데로 가져와서 두 실을 함께 묶습니다.

c

큰 쿠션 앞뒷면

앞면은 아이보리색 실로, 뒷면은 하늘색 실로 뜨세요. 코바늘 6.0mm로, 사슬뜨기 2코를 만든 후 첫 번째 사슬코에 바늘을 넣어 1단을 시작하세요.

단수	콧수	뜨는 방법
1	6	짧은뜨기 6코
2	12	늘림코 6번
3	18	(짧은뜨기 1코, 늘림코 1번)×6회
4	24	(짧은뜨기 2코, 늘림코 1번)×6회
5	30	(짧은뜨기 3코, 늘림코 1번)×6회
6	36	(짧은뜨기 4코, 늘림코 1번)×6회
7	42	(짧은뜨기 5코, 늘림코 1번)×6회
8	48	(짧은뜨기 6코, 늘림코 1번)×6회
9	54	(짧은뜨기 7코, 늘림코 1번)×6회
10	60	(짧은뜨기 8코, 늘림코 1번)×6회
11	66	(짧은뜨기 9코, 늘림코 1번)×6회
12	72	(짧은뜨기 10코, 늘림코 1번)×6회
13	78	(짧은뜨기 11코, 늘림코 1번)×6회
14	84	(짧은뜨기 12코, 늘림코 1번)×6회
15	90	(짧은뜨기 13코, 늘림코 1번)×6회
16	96	(짧은뜨기 14코, 늘림코 1번)×6회
17	102	(짧은뜨기 15코, 늘림코 1번)×6회
18	108	(짧은뜨기 16코, 늘림코 1번)×6회
19	114	(짧은뜨기 17코, 늘림코 1번)×6회
20	120	(짧은뜨기 18코, 늘림코 1번)×6회
21~25	120	증감 없음. 빼뜨기 1코로 마무리하고 실을 자른다.

큰 쿠션 귀

분홍색 실과 코바늘 6.0mm로, 사슬뜨기 2코를 만든 후 첫 번째 사슬코에 바늘을 넣어 1단을 시작하세요.

단수	콧수	뜨는 방법
1	6	짧은뜨기 6코
2	12	늘림코 6번
3	18	(짧은뜨기 1코, 늘림코 1번)×6회
4	24	(짧은뜨기 2코, 늘림코 1번)×6회
5	30	(짧은뜨기 3코, 늘림코 1번)×6회
6	36	(짧은뜨기 4코, 늘림코 1번)×6회
7~12	36	증감 없음. 빼뜨기 1코로 마무리하고 실을 자른다. 같은 방법으로 귀를 1개 더 만든다. 귀에는 솜을 넣지 않는다.

큰 쿠션 눈동자

검정색 실과 코바늘 3.5mm로, 사슬뜨기 2코를 만든 후 첫 번째 사슬코에 바늘을 넣어 1단을 시작하세요.

단수	콧수	뜨는 방법
1	6	짧은뜨기 6코
2	12	늘림코 6번
3	18	(짧은뜨기 1코, 늘림코 1번)×6회 빼뜨기 1코로 마무리하고 실을 자른다. 같은 방법으로 눈동자를 1개 더 만든다.

d

e

큰 쿠션용 삼각형 다섯 개

[황록색 실 1겹+금색 금속사 1겹]과 코바늘 3.5mm로, 사슬뜨기 1코를 뜬 후 왕복으로 평뜨기 하세요. 기둥코로 뜬 사슬코는 콧수로 세지 않아요.

단수	콧수	뜨는 방법
1	2	기둥코(사슬코) 1코, 늘림코 1번 (편물 뒤로 돌리기) ＊1단의 늘림코는 처음 뜬 사슬뜨기 1코에 바늘 넣어 짧은뜨기 2코 뜨기
2	3	기둥코 1코, 짧은뜨기 1코, 늘림코 1번 (편물 뒤로 돌리기)
3	4	기둥코 1코, 짧은뜨기 2코, 늘림코 1번 (편물 뒤로 돌리기)
4	5	기둥코 1코, 짧은뜨기 3코, 늘림코 1번 (편물 뒤로 돌리기)
5	6	기둥코 1코, 짧은뜨기 4코, 늘림코 1번 (편물 뒤로 돌리기)
6	7	기둥코 1코, 짧은뜨기 5코, 늘림코 1번 (편물 뒤로 돌리기)
7~14	8~15	기둥코 1코, 1코 남을 때까지 짧은뜨기, 늘림코 1번 (편물 뒤로 돌리기) 빼뜨기 1코로 마무리하고 실을 자른다.

✳도움말
느슨하게 뜨는 버릇이 있다면 몸통을 뜰 때 코바늘 호수를 5.0mm로 바꿔 뜨세요. 그래야 쿠션의 모양이 제대로 잡힌답니다.

응용하기
총 단수를 늘리거나 줄이면서 다양한 크기의 쿠션을 만들어보세요. 코바늘 3.0mm와 그에 맞는 실을 사용하여, 작은 쿠션을 만들 때처럼 떠보세요. 아이의 방문 손잡이에 걸어두기 좋은, 작고 동그란 얼굴인형을 만들 수 있을 거예요.

연결하기

1 쿠션의 앞면과 뒷면을 연결하세요. 진행하면서 솜을 채우세요. 두 개의 쿠션 모두 같은 작업을 합니다. ▶사진 d, e

2 머리에 귀 2개를 고정하세요. ▶사진 f

3 큰 쿠션의 앞면에 눈동자를 고정하세요. 연두색 쿠션에는 감은 눈과 작은 입을 수놓고, ▶사진 e 큰 쿠션에는 작은 입과 속눈썹을 수놓으세요. ▶사진 g

4 작은 쿠션의 턱에 나비넥타이를, 큰 쿠션의 앞면에 삼각형들을 고정합니다. ▶사진 h

5 쿠션의 얼굴에 볼터치를 하세요. ▶p.15의 '얼굴 만들기' 참고

✳도움말
귀를 꿰매기 전에, 쿠션 위쪽에 귀의 위치를 잡아 시침핀으로 고정해놓으세요. 그래야 살짝 안으로 구부러진 귀의 모양을 살리기가 쉬워요.

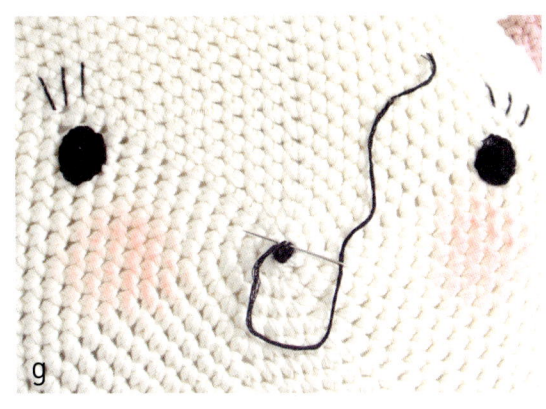
g

f

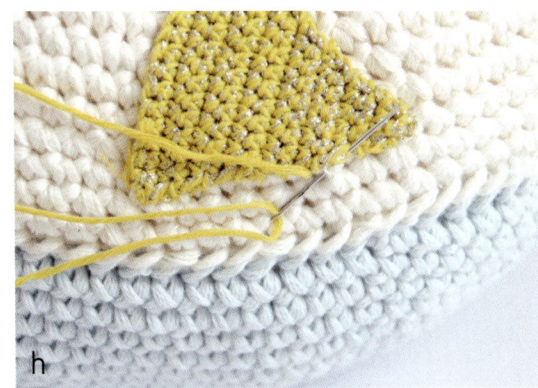
h

작은 쿠션의 앞면

1~15단까지
이와 같은 무늬를
총 6번 반복한다

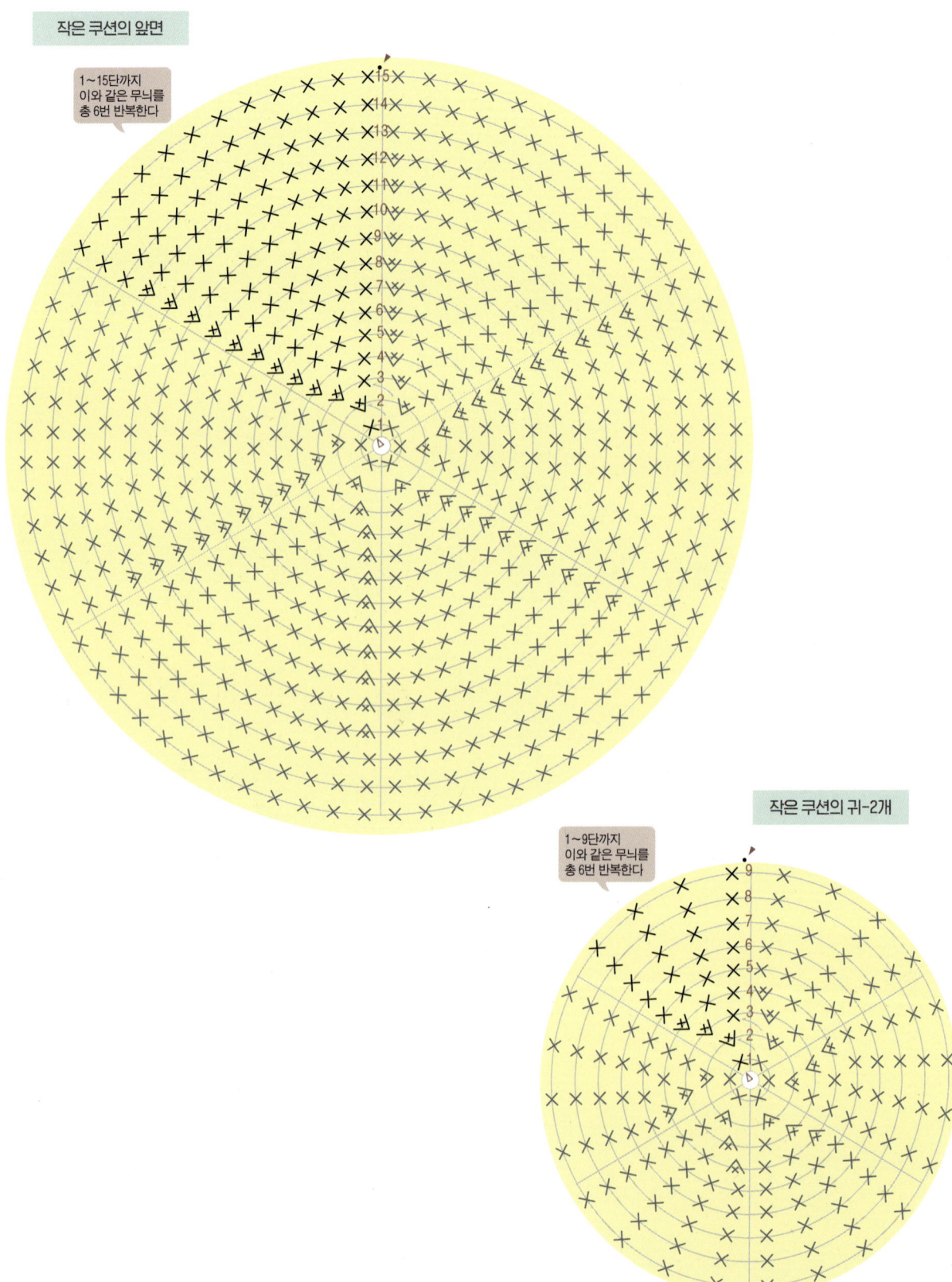

작은 쿠션의 귀-2개

1~9단까지
이와 같은 무늬를
총 6번 반복한다

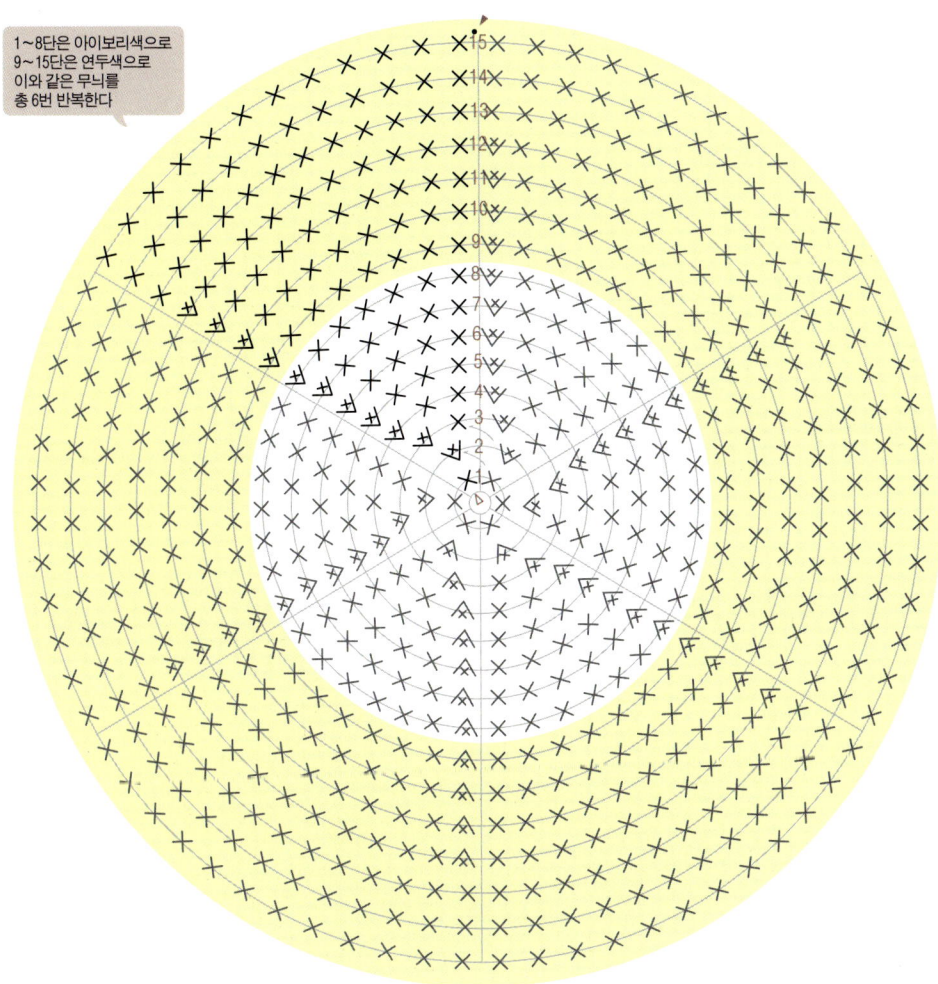

1~8단은 아이보리색으로
9~15단은 연두색으로
이와 같은 무늬를
총 6번 반복한다

작은 쿠션의 넥타이

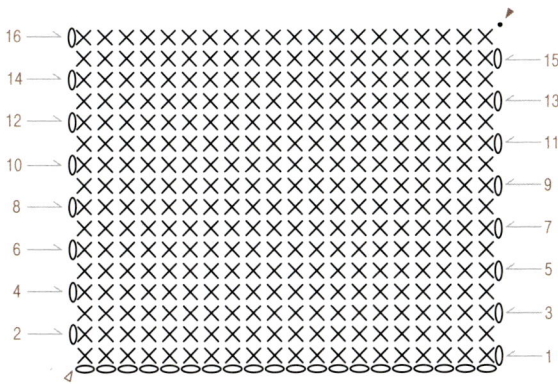

사슬 20코로 시작

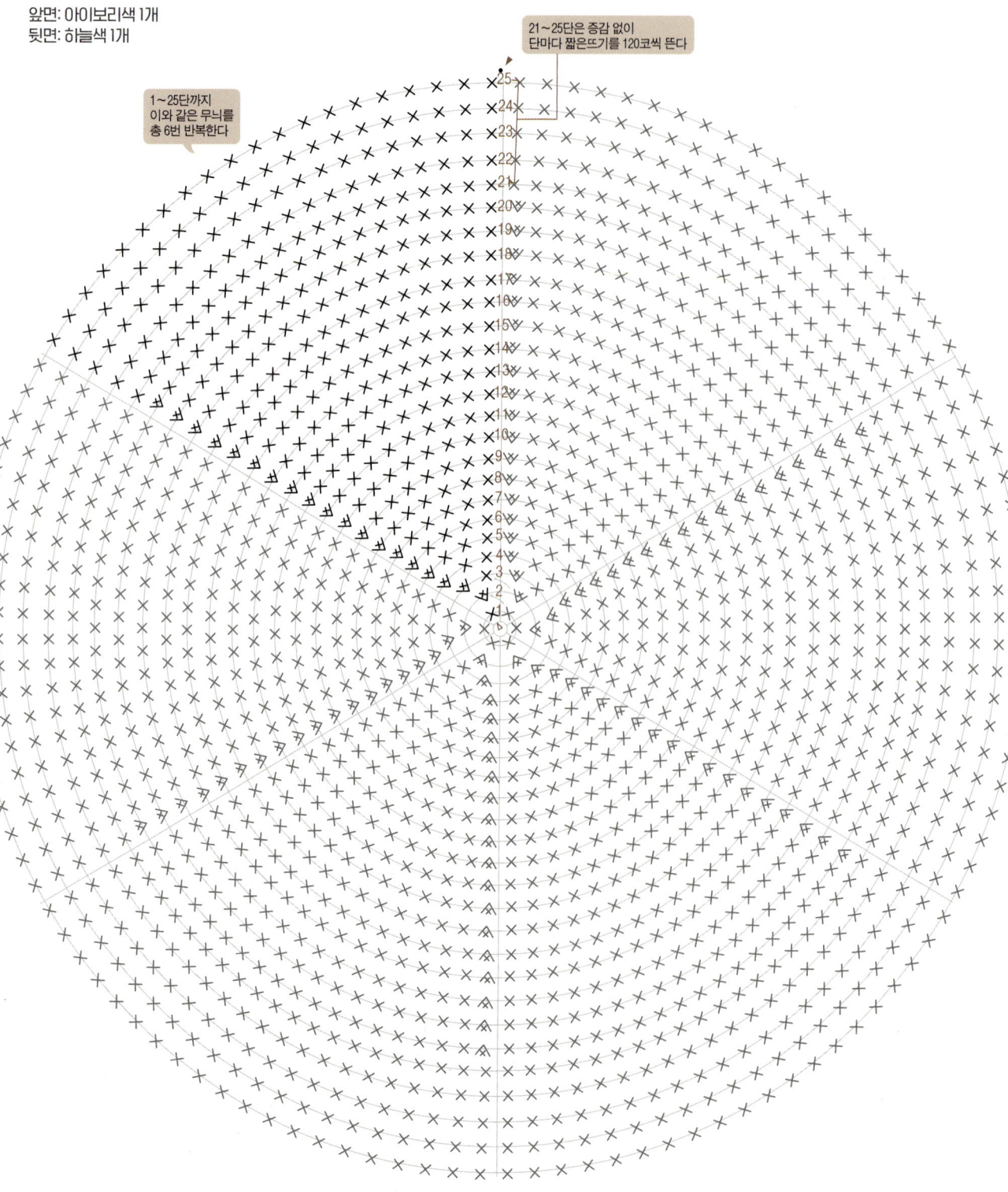

× 도안

큰 쿠션의 앞면과 뒷면

앞면: 아이보리색 1개
뒷면: 하늘색 1개

21~25단은 증감 없이
단마다 짧은뜨기를 120코씩 뜬다

1~25단까지
이와 같은 무늬를
총 6번 반복한다

큰 쿠션의 귀-2개

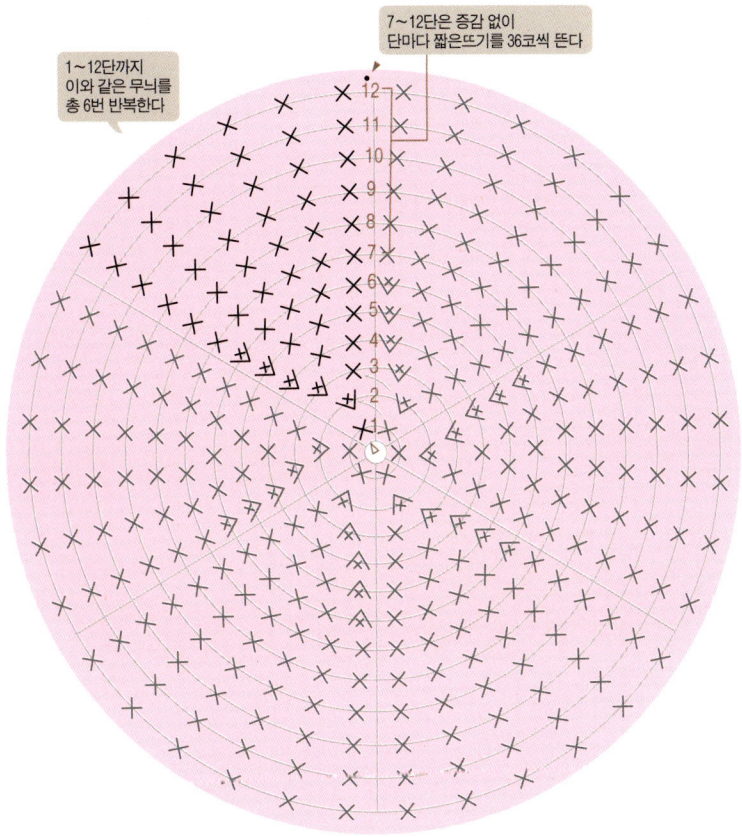

7~12단은 증감 없이
단마다 짧은뜨기를 36코씩 뜬다

1~12단까지
이와 같은 무늬를
총 6번 반복한다

큰 쿠션의 눈동자-2개

큰 쿠션의 삼각형-5개

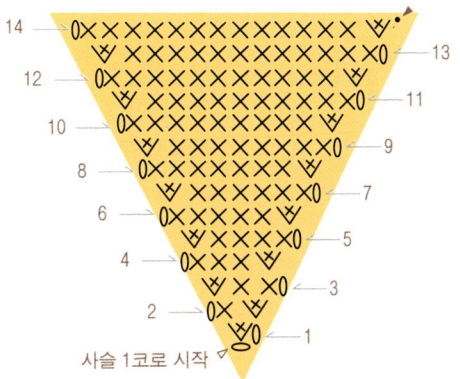

사슬 1코로 시작

REINETTE
레닛

이전 책에서 만날 수 있었던 배 모양 인형 '피룸 파룸'에 이어,
이번에는 사과 모양 인형 '레닛'을 소개할게요. 레닛에게는
관절을 움직일 수 있는 날씬하고 예쁜 몸통도 있답니다. 정말 귀여워요!

✖ ✖

✖재료
흰색 면사(DMC사의 Natura Ibiza 01번) 2볼
갈색 면사(DMC사의 Natura Siena 41번) 1볼
겨자색 면사(DMC사의 Natura Curry 74번) 1볼
금색 금속사(DMC사의 Lumina Or L677) 1볼
검정색 자수실
코바늘 3.0mm(모사용 코바늘 5/0호)
지름 6mm 검정색 플라스틱 나사눈 2개
인형용 와이어 30cm
기본 키트(p.9)

✖사용한 뜨개기법
사슬뜨기, 짧은뜨기, 빼뜨기, 한길긴뜨기, 두길긴뜨기

✖표 보는 방법
작품은 짧은뜨기로 떠요. '늘림코'는 '짧은뜨기 2코 늘려뜨기'이고, '줄임코'는 '짧은뜨기 2코 모아
뜨기'예요. '증감 없음'은 '코마다 짧은뜨기 1코씩 뜨기'를 뜻해요. 같은 단에서 동일한 뜨기가 반
복될 경우 '( )×○회'로 표시했어요.

머리

1 흰색 실과 코바늘 3.0mm로, 사슬뜨기 2코를 만든 후 첫 번째 사슬코에 바늘을 넣어 1단을 시작하세요.

단수	콧수	뜨는 방법
1	6	짧은뜨기 6코
2	12	늘림코 6번
3	18	(짧은뜨기 1코, 늘림코 1번)×6회
4	24	(짧은뜨기 2코, 늘림코 1번)×6회
5	30	(짧은뜨기 3코, 늘림코 1번)×6회
6	36	(짧은뜨기 4코, 늘림코 1번)×6회
7	36	증감 없음.
8	42	(짧은뜨기 5코, 늘림코 1번)×6회
9	48	(짧은뜨기 6코, 늘림코 1번)×6회
10~13	48	증감 없음.
14	42	(짧은뜨기 6코, 줄임코 1번)×6회
15	36	(짧은뜨기 5코, 줄임코 1번)×6회
16~19	36	증감 없음.
20	30	(짧은뜨기 4코, 줄임코 1번)×6회
21~23	30	증감 없음.
24	24	(짧은뜨기 3코, 줄임코 1번)×6회 12단과 13단 사이에 9코의 간격을 두고 나사눈을 끼운다. 머리에 솜을 채우기 시작한다.
25	18	(짧은뜨기 2코, 줄임코 1번)×6회
26	12	(짧은뜨기 1코, 줄임코 1번)×6회 머리에 솜을 완전히 채운다.
27	6	줄임코 6번
28	3	줄임코 3번 빼뜨기 1코로 마무리하고, 실을 70cm 남기고 자른다.

2 남긴 실은 사과의 모양을 볼록하게 만드는 데 사용하세요.
　▶사진 a
3 얼굴에 볼터치를 하세요. ▶p.15의 '얼굴 만들기' 참고

팔

흰색 실과 코바늘 3.0mm로, 사슬뜨기 2코를 만든 후 첫 번째 사슬코에 바늘을 넣어 1단을 시작하세요.

단수	콧수	뜨는 방법
1	6	짧은뜨기 6코
2	9	(짧은뜨기 1코, 늘림코 1번)×3회
3~23	9	증감 없음. 빼뜨기 1코로 마무리하고 실을 자른다. 같은 방법으로 팔을 1개 더 만든다. 솜은 넣지 않는다.

다리와 몸통

흰색 실과 코바늘 3.0mm로, 사슬뜨기 2코를 만든 후 첫 번째 사슬코에 바늘을 넣어 1단을 시작하세요.

단수	콧수	뜨는 방법
1	6	짧은뜨기 6코
2	12	늘림코 6번
3~25	12	증감 없음. 빼뜨기 1코로 마무리하고 실을 자른다. 같은 방법으로 두 번째 다리를 만들고, 실을 자르지 않는다. ▶사진 b
26	24 (12+12)	두 번째 다리에 코바늘을 꽂은 채, 첫 번째 다리의 첫 번째 코에 코바늘을 꽂는다. 첫 번째 다리에 짧은뜨기 12코를 뜨고, 바로 이어 두 번째 다리에 짧은뜨기 12코를 뜬다. 계속하여 원형으로 돌려뜬다. ▶사진 c
27~36	24	증감 없음.
37	20	(짧은뜨기 3코, 줄임코 1번)×4회, 짧은뜨기 4코
38~41	20	증감 없음.
42	16	(짧은뜨기 3코, 줄임코 1번)×4회
43	16	증감 없음. 솜을 완전히 채운다. 빼뜨기 1코로 마무리하고 실을 자른다.

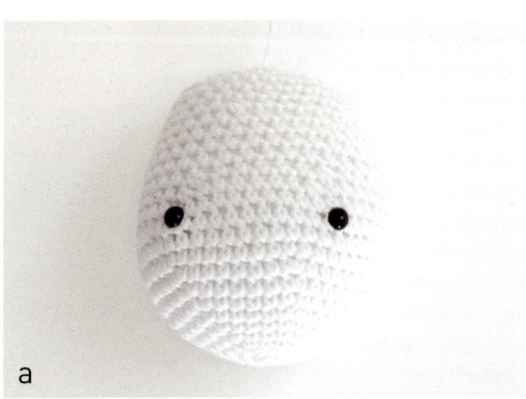

a

나뭇잎

금색 금속사 2겹과 코바늘 3.0mm로, 사슬뜨기 10코를 뜨세요.

단수	콧수	뜨는 방법
1	10→12	기둥코(사슬코 1코), 짧은뜨기 1코, 한길긴뜨기 1코, 두길긴뜨기 6코, 한길긴뜨기 1코, 짧은뜨기 3코 늘려뜨기
1단의 아래	9	편물을 아래로 돌린다. 한길긴뜨기 1코, 두길긴뜨기 6코, 한길긴뜨기 1코, 짧은뜨기 1코 빼뜨기 1코로 마무리하고 실을 자른다. ▶사진 d

꼭지

금색 금속사 2겹과 코바늘 3.0mm로, 사슬뜨기 9코를 뜬 후 편물을 뒤로 돌리세요. 기둥코로 뜬 사슬코는 콧수로 세지 않아요.

단수	콧수	뜨는 방법
1	9	기둥코(사슬코) 1코, 짧은뜨기 9코 빼뜨기 1코로 마무리하고 실을 자른다. ▶사진 d

도토리

1 도토리 아랫부분: [겨자색 실 1겹+금색 금속사 1겹]과 코바늘 3.0mm로, 사슬뜨기 2코를 만든 후 첫 번째 사슬코에 바늘을 넣어 1단을 시작하세요.

단수	콧수	뜨는 방법
1	6	짧은뜨기 6코
2	12	늘림코 6번
3~7	12	증감 없음. 빼뜨기 1코로 마무리하고 실을 자른다.

c

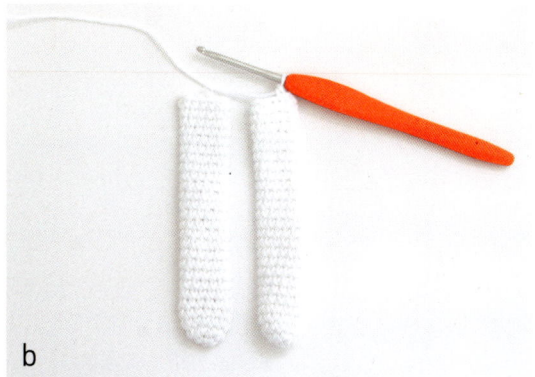

b

d

2 도토리 윗부분: 갈색 실과 코바늘 3.0mm로, 사슬뜨기 2코를 만든 후 첫 번째 사슬코에 바늘을 넣어 1단을 시작하세요.

단수	콧수	뜨는 방법
1	6	짧은뜨기 6코
2	12	늘림코 6번
3	18	(짧은뜨기 1코, 늘림코 1번)×6회
4~5	18	증감 없음. 빼뜨기 1코로 마무리하고 실을 자른다.

3 도토리에 솜을 조금 채우고 윗부분과 아랫부분을 연결하세요. 실을 안으로 넣어 정리하고 자르세요. ▶사진 e

✱도움말
사과의 다리와 몸통에 솜을 단단히 채우세요. 그래야 인형의 모양이 예쁘게 잡혀요. 레닛은 머리가 몸통보다 크므로 균형을 맞추기 어려울 수 있어요.

응용하기
몸통 없이 사과만 뜨고 싶다면, 같은 실을 2겹으로 하여 코바늘 6mm로, 사과 머리 뜨는 방법대로 뜨세요.

e

f

연결하기

1 사과의 윗부분에 남은 실을 인형용 긴바늘에 끼워서, 사과를 관통해 아래로 찌른 후 위아래로 왕복하며 실을 세게 잡아당겨 사과의 모양을 잡으세요. 사과의 안쪽으로 실을 넣어 정리하세요. ▶사진 f

2 검정색 자수실로 사과 얼굴의 중앙에 코를 수놓으세요.

3 사과 머리를 몸통에 연결하세요. ▶사진 g

4 돗바늘로 사과의 윗부분에 나뭇잎과 꼭지를 꿰매세요.

5 가는 와이어를 20cm 정도 길이로 자르세요. 사진h처럼 목으로 와이어를 삽입한 후, 반대쪽 끝을 첫 번째 팔 안으로 넣으세요. 그리고 팔을 몸통의 맨 위에서 두 번째 단에 고정하세요. 같은 방법으로 남은 팔에도 와이어를 삽입하세요. ▶사진 h

✱도움말
두 조각을 연결하고 실을 자를 때, 충분히 길게 실을 남기세요. 남은 실을 바늘에 꿰어 몸통 안으로 넣어 숨길 거예요.

g

h

1~27단까지
이와 같은 무늬를
총 6번 반복한다

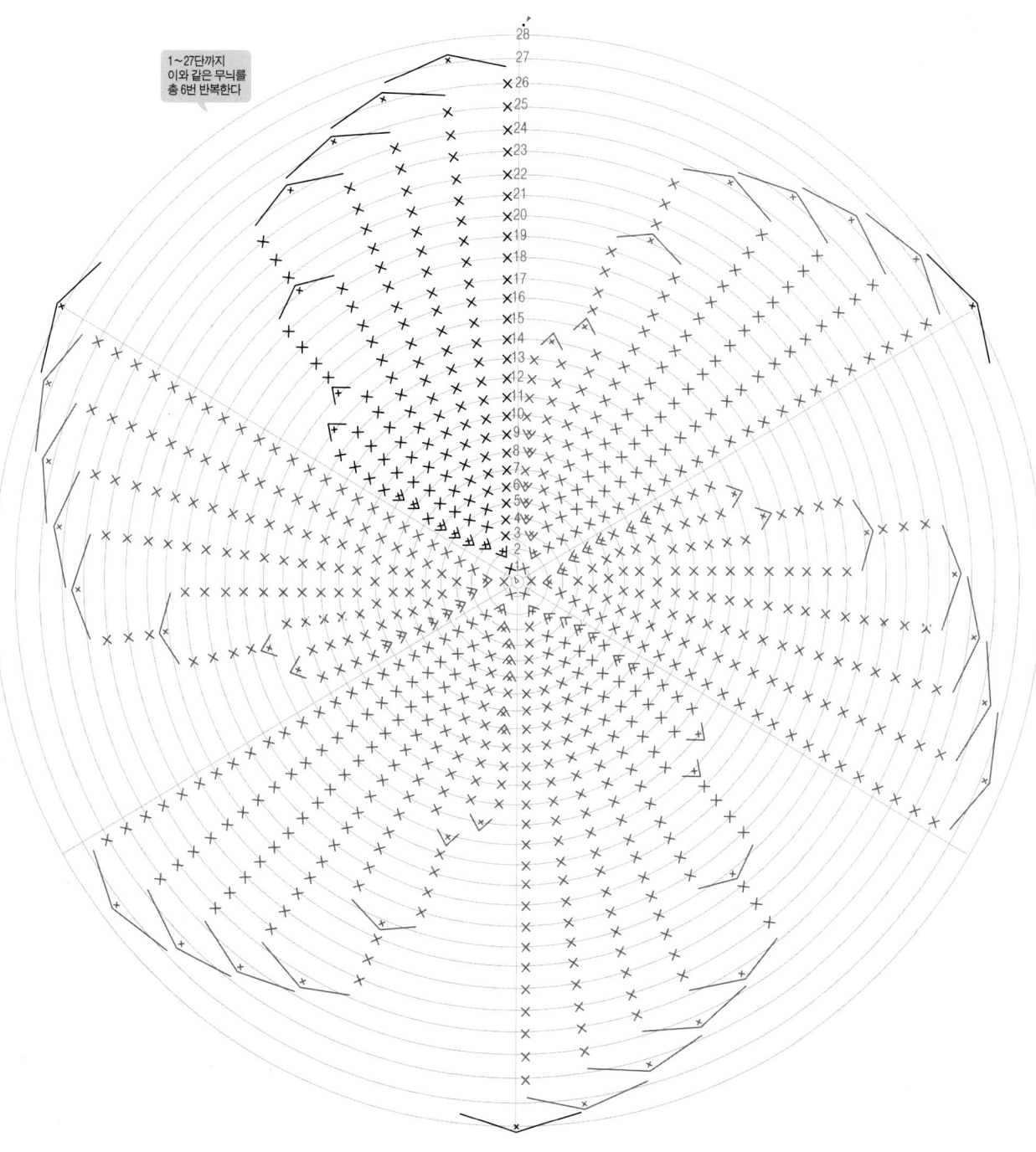

28
27
26
25
24
23
22
21
20
19
18
17
16
15
14
13
12
11
10
9
8
7
6
5
4
3
2
1

다리와 몸통

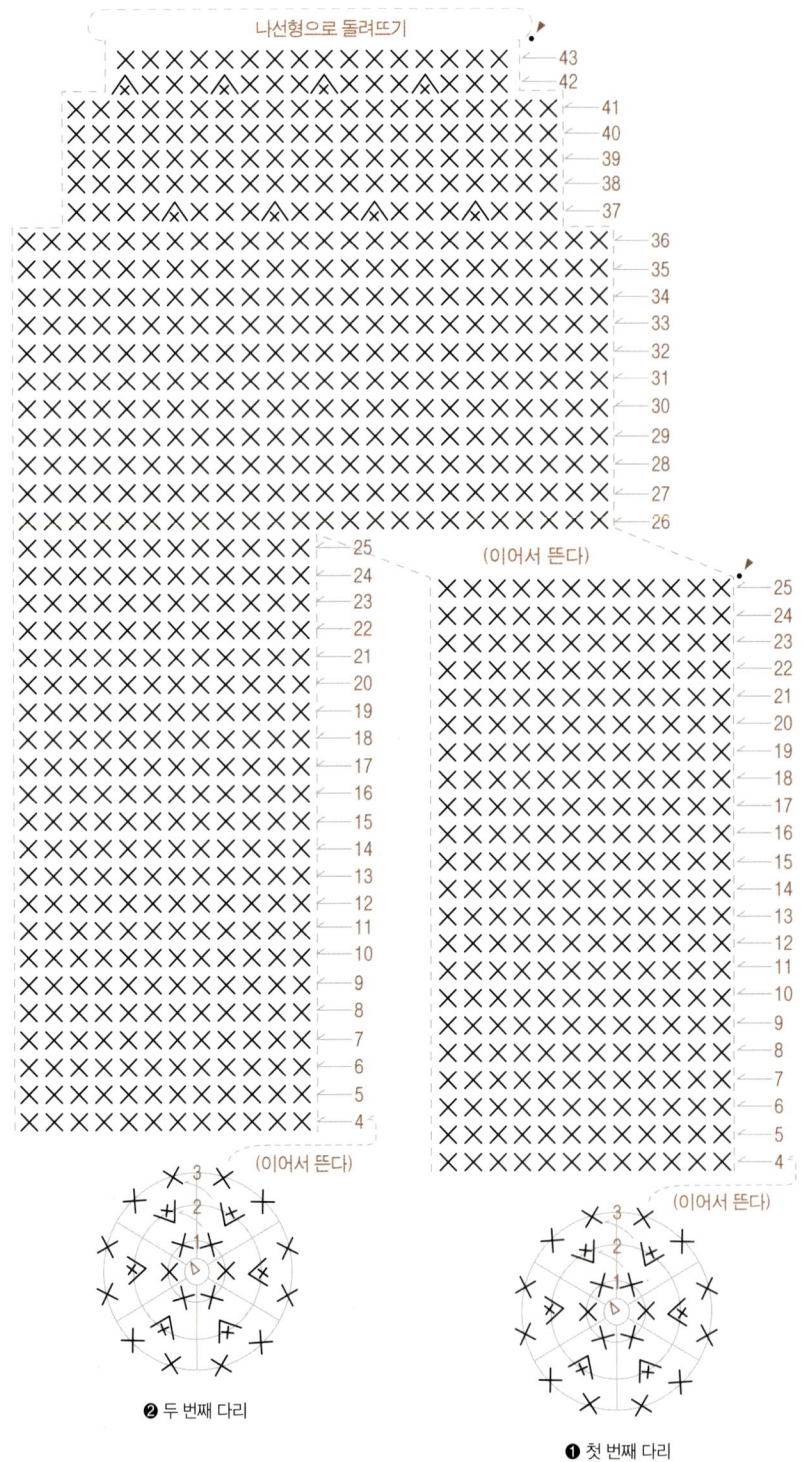

나선형으로 돌려뜨기

● 첫 번째 다리

❷ 두 번째 다리

팔-2개

나선형으로 돌려뜨기

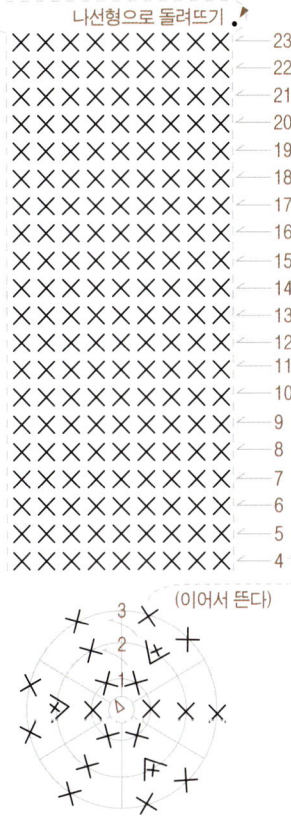

- × × × × × × × × × ← 23
- × × × × × × × × × ← 22
- × × × × × × × × × ← 21
- × × × × × × × × × ← 20
- × × × × × × × × × ← 19
- × × × × × × × × × ← 18
- × × × × × × × × × ← 17
- × × × × × × × × × ← 16
- × × × × × × × × × ← 15
- × × × × × × × × × ← 14
- × × × × × × × × × ← 13
- × × × × × × × × × ← 12
- × × × × × × × × × ← 11
- × × × × × × × × × ← 10
- × × × × × × × × × ← 9
- × × × × × × × × × ← 8
- × × × × × × × × × ← 7
- × × × × × × × × × ← 6
- × × × × × × × × × ← 5
- × × × × × × × × × ← 4

(이어서 뜬다)

도토리 아랫부분

1~7단까지
이와 같은 무늬를
총 6번 반복한다

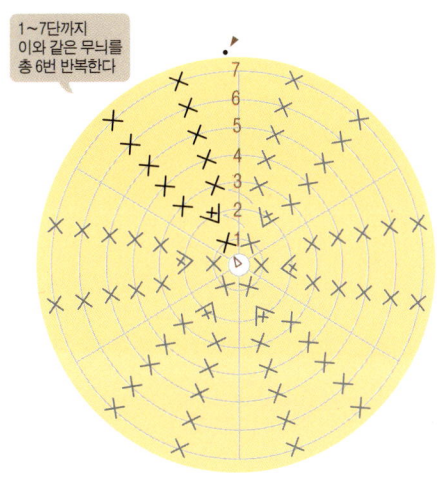

도토리 윗부분

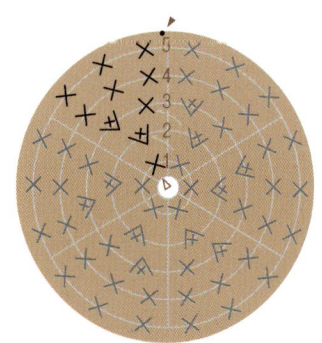

꼭지

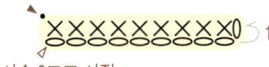

사슬 9코로 시작

나뭇잎

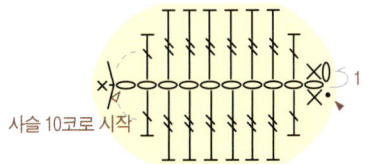

사슬 10코로 시작

PETITES SOURIS
작은 생쥐들

동글동글 귀여운 귀를 가진, 우아하고 익살스러운
이 두 마리의 생쥐는 어린 아이들에게 완벽한 친구가 되어줄 거예요.
저는 블랙 앤 화이트 색상을 좋아하지만,
조금 밝은 분위기를 내고 싶다면 다른 색의 실을 써보세요!

✖ ✖

✖ 재료
연회색 모사(DMC사의 Woolly 121번) 1볼
흰색 모사(DMC사의 Woolly 01번) 1볼
검정색 모사(DMC사의 Woolly 02번) 1볼
코바늘 3.0mm(모사용 코바늘 5/0호)
검정색 자수실 또는 지름 6mm 검정색 플라스틱 나사눈 2개
기본 키트(p.9)

✖ 사용한 뜨개기법
사슬뜨기, 짧은뜨기, 빼뜨기

✖ 표 보는 방법
작품은 짧은뜨기로 떠요. '늘림코'는 '짧은뜨기 2코 늘려뜨기'이고, '줄임코'는 '짧은뜨기 2코 모아
뜨기'예요. '증감 없음'은 '코마다 짧은뜨기 1코씩 뜨기'를 뜻해요. 같은 단에서 동일한 뜨기가 반
복될 경우 '( )×○회'로 표시했어요.

✖ 도움말
실을 자를 때 20cm 정도
는 남기세요. 남은 실은
조각들을 꿰매 연결할 때
사용해요.

머리

1 연회색 실과 코바늘 3.0mm로, 사슬뜨기 2코를 만든 후 첫 번째 사슬코에 바늘을 넣어 1단을 시작하세요.

단수	콧수	뜨는 방법
1	6	짧은뜨기 6코
2	12	늘림코 6번
3	18	(짧은뜨기 1코, 늘림코 1번)×6회
4	24	(짧은뜨기 2코, 늘림코 1번)×6회
5	30	(짧은뜨기 3코, 늘림코 1번)×6회
6	36	(짧은뜨기 4코, 늘림코 1번)×6회
7	36	증감 없음.
8	42	(짧은뜨기 5코, 늘림코 1번)×6회
9~15	42	증감 없음.
16	48	(짧은뜨기 6코, 늘림코 1번)×6회
17	54	(짧은뜨기 7코, 늘림코 1번)×6회
18	60	(짧은뜨기 8코, 늘림코 1번)×6회
19~20	60	증감 없음.
21	54	(짧은뜨기 8코, 줄임코 1번)×6회
22	48	(짧은뜨기 7코, 줄임코 1번)×6회
23	42	(짧은뜨기 6코, 줄임코 1번)×6회
24	36	(짧은뜨기 5코, 줄임코 1번)×6회 머리에 솜을 채우기 시작한다.
25	30	(짧은뜨기 4코, 줄임코 1번)×6회
26	24	(짧은뜨기 3코, 줄임코 1번)×6회
27	18	(짧은뜨기 2코, 줄임코 1번)×6회 머리에 솜을 완전히 채운다. 빼뜨기 1코로 마무리하고 실을 자른다.

2 얼굴의 15단에 나사눈을 고정하거나 검정색 자수실로 수를 놓고, 얼굴의 중앙에 코를 수놓으세요. ▶사진 a

3 얼굴에 볼터치를 하세요. ▶p.15의 '얼굴 만들기' 참고

팔

흰색 실(또는 작품에 따라 검정색 실)과 코바늘 3.0mm로, 사슬뜨기 2코를 만든 후 첫 번째 사슬코에 바늘을 넣어 1단을 시작하세요.

단수	콧수	색상	뜨는 방법
1	6	흰색(또는 검정)	짧은뜨기 6코
2	12		늘림코 6번
3~25	12	6단부터 회색	증감 없음. 빼뜨기 1코로 마무리하고 실을 자른다. 같은 방법으로 팔을 1개 더 만든다. 솜은 넣지 않는다. ▶사진 b

다리와 몸통

흰색 실(또는 작품에 따라 검정색 실)과 코바늘 3.0mm로, 사슬뜨기 2코를 만든 후 첫 번째 사슬코에 바늘을 넣어 1단을 시작하세요.

단수	콧수	색상	뜨는 방법
1	6	흰색(또는 검정)	짧은뜨기 6코
2	12		늘림코 6번
3	18		(짧은뜨기 1코, 늘림코 1번)×6회
4~19	18		증감 없음. 빼뜨기 1코로 마무리하고 실을 자른다. 같은 방법으로 두 번째 다리를 만들고, 실을 자르지 않는다.

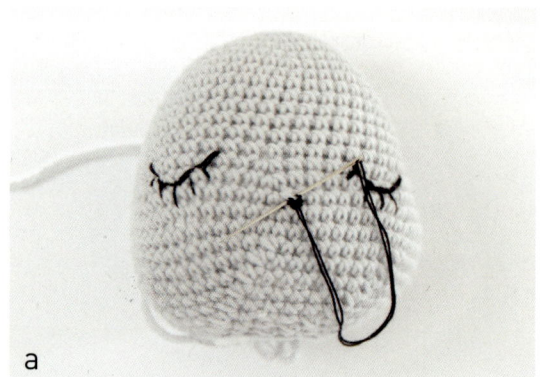

a

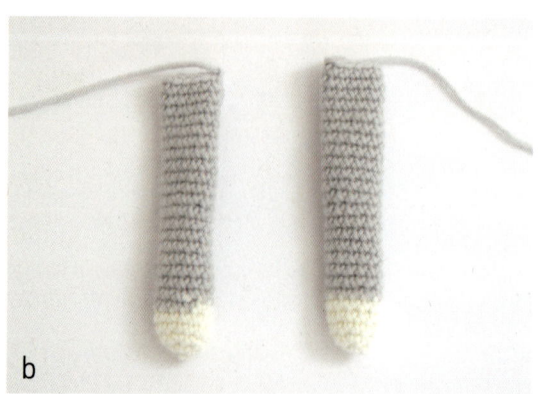

b

20	52 (8+18+8+18)		두 번째 다리의 끝에 사슬뜨기 8코를 뜬다. ▶사진 c 첫 번째 다리에 짧은뜨기 18코를 뜨고, 사슬뜨기 8코, 두 번째 다리에 짧은뜨기 18코를 뜬다. ▶사진 d
21~24	52	22단부터 회색	증감 없음. ▶사진 e
25	50		짧은뜨기 16코, 줄임코 1번, 짧은뜨기 24코, 줄임코 1번, 짧은뜨기 8코
26	50		증감 없음.
27	48		짧은뜨기 16코, 줄임코 1번, 짧은뜨기 23코, 줄임코 1번, 짧은뜨기 7코 다리와 몸통에 솜을 채우기 시작한다.
28~29	48		증감 없음.
30	46		짧은뜨기 16코, 줄임코 1번, 짧은뜨기 22코, 줄임코 1번, 짧은뜨기 6코
31~32	46		증감 없음.
33	42		짧은뜨기 6코, 줄임코 1번, 짧은뜨기 7코, 줄임코 1번, 짧은뜨기 8코, 줄임코 1번, 짧은뜨기 11코, 줄임코 1번, 짧은뜨기 6코
34	42		증감 없음.
35	36		(짧은뜨기 5코, 줄임코 1번)×6회 계속하여 다리와 몸통에 솜을 채운다.
36	36		증감 없음.
37	30		(짧은뜨기 4코, 줄임코 1번)×6회
38	30		증감 없음.
39	24		(짧은뜨기 3코, 줄임코 1번)×6회
40	24		증감 없음.
41	18		(짧은뜨기 2코, 줄임코 1번)×6회
42	18		증감 없음. 몸통에 솜을 완전히 채운다. 빼뜨기 1코로 마무리하고 실을 자른다. 첫 번째 다리에 남아있는 실을 돗바늘에 끼우고 다리 사이의 벌어진 부분을 꿰매 막는다. ▶사진 f

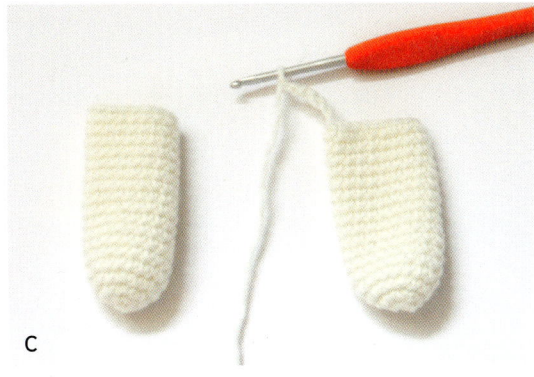

c

d

e

f

귀

흰색 실(또는 검정색 실)과 코바늘 3.0mm로, 사슬뜨기 2코를 만든 후 첫 번째 사슬코에 바늘을 넣어 1단을 시작하세요.

단수	콧수	뜨는 방법
1	6	짧은뜨기 6코
2	12	늘림코 6번
3	18	(짧은뜨기 1코, 늘림코 1번)×6회
4	24	(짧은뜨기 2코, 늘림코 1번)×6회 빼뜨기 1코로 마무리하고 실을 자른다. 같은 방법으로 귀를 1개 더 만든다.

나비넥타이

1 흰색 실(또는 검정색 실)과 코바늘 3.0mm로, 사슬뜨기 20코를 뜬 후 왕복으로 평뜨기 하세요. 각 단의 시작은 사슬뜨기 1코로 기둥코를 세워 짧은뜨기 첫코와 높이를 맞추세요. 기둥코로 뜬 사슬코는 콧수로 세지 않아요.

단수	콧수	뜨는 방법
1~16	20	기둥코(사슬코) 1코, 짧은뜨기 20코 빼뜨기 1코로 마무리하고, 실을 최소한 40cm 남기고 자른다.

2 남은 실을 돗바늘에 끼우고 직사각형 편물의 가운데로 실을 빼서, 가운데를 실로 여러 바퀴 감아 나비넥타이 모양을 만드세요. 첫 단에 남아있는 실을 가운데로 가져와서 두 실을 함께 묶습니다.

3 검정색 실(또는 흰색 실)로 프렌치 노트 스티치를 수놓아 작은 도트 무늬를 만듭니다. ▶사진 g

연결하기

1 연결할 조각들을 모으세요. 몸통 위에 머리를 놓고, 돗바늘을 이용하여 한 코씩 꿰맵니다. ▶사진 h
2 머리의 10번째 단에 귀 2개를 고정하세요. ▶사진 i
3 몸통의 끝에서 두 번째 단에 팔을 고정하세요. ▶사진 j
4 목에 나비넥타이를 꿰맵니다.

도움말
두 조각을 연결하고 실을 자를 때, 충분히 길게 실을 남기세요. 남은 실을 바늘에 꿰어 생쥐의 몸통 안으로 넣어 숨길 거예요.

응용하기
이 작은 생쥐들은 DMC사의 Natura XL실로 떠도 완벽하게 모양이 나온답니다. 같은 설명대로 뜨면 이 작품보다 두 배쯤 큰 생쥐가 만들어질 거예요.

g

i

h

j

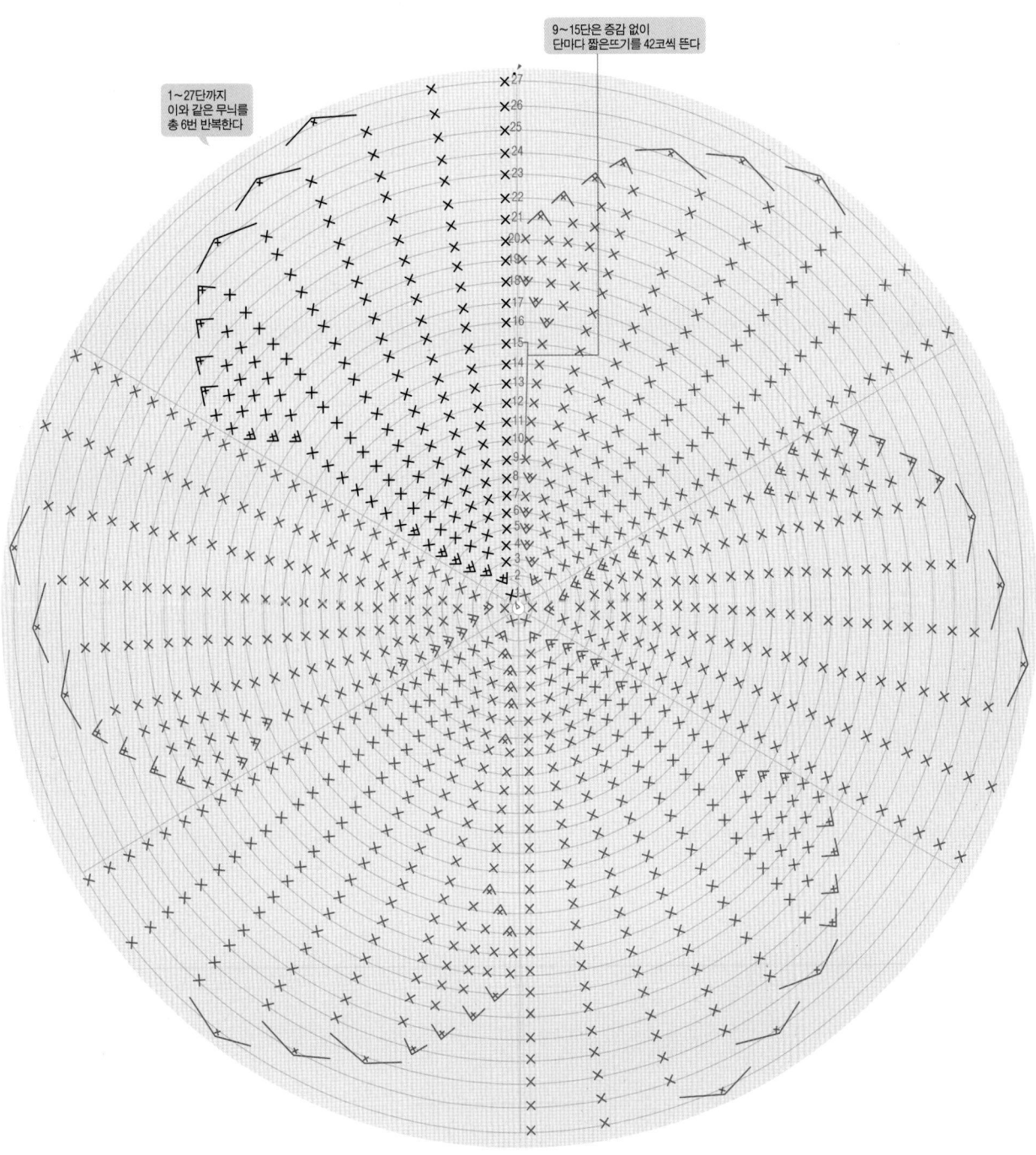

9~15단은 증감 없이
단마다 짧은뜨기를 42코씩 뜬다

1~27단까지
이와 같은 무늬를
총 6번 반복한다

다리와 몸통

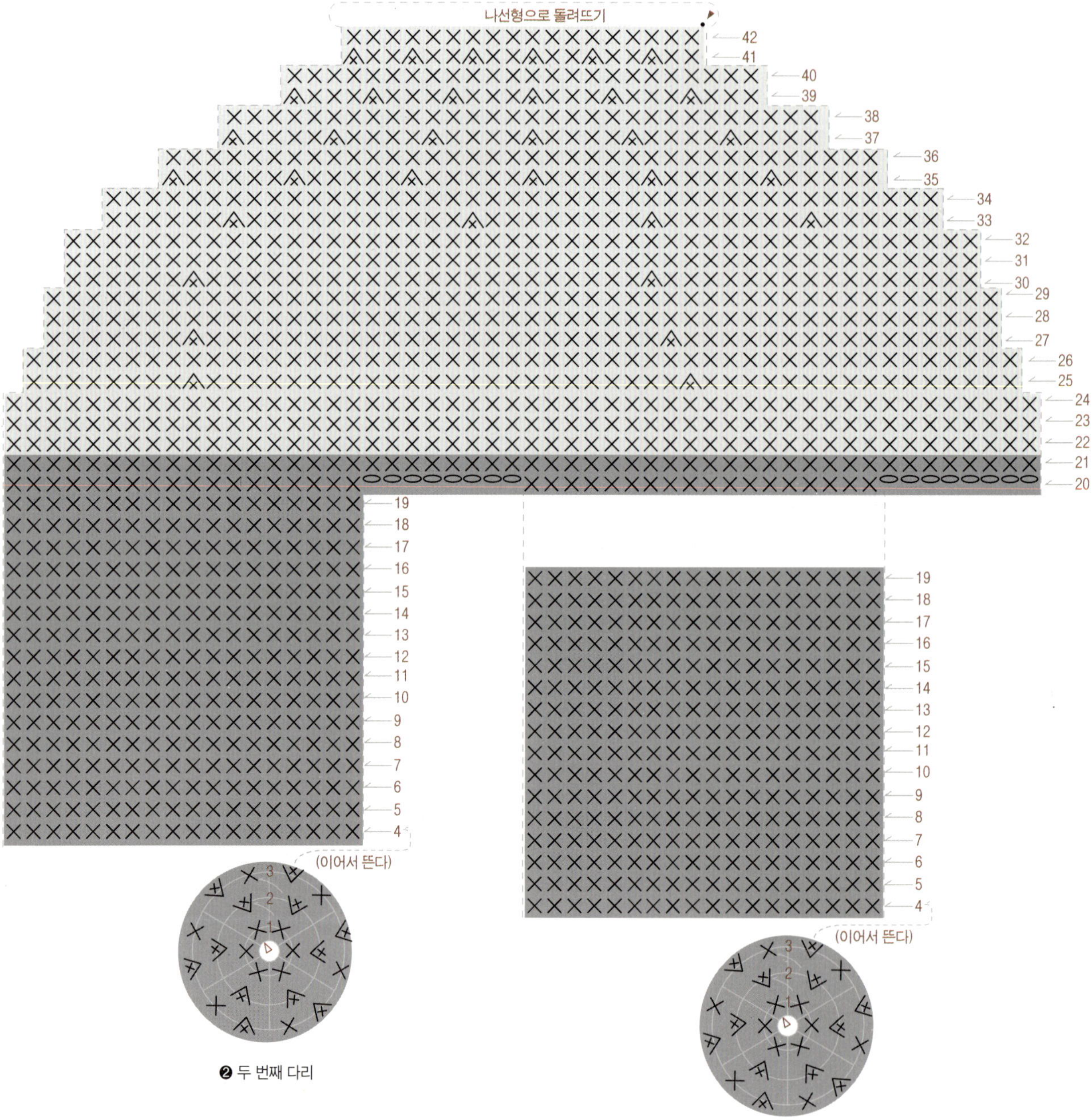
나선형으로 돌려뜨기
42
41
40
39
38
37
36
35
34
33
32
31
30
29
28
27
26
25
24
23
22
21
20
19
18
17
16
15
14
13
12
11
10
9
8
7
6
5
4
(이어서 뜬다)
3
2
1
19
18
17
16
15
14
13
12
11
10
9
8
7
6
5
4
(이어서 뜬다)
3
2
1

❷ 두 번째 다리

❶ 첫 번째 다리

귀-2개

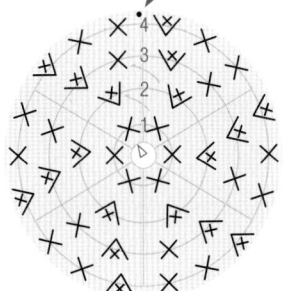

팔-2개

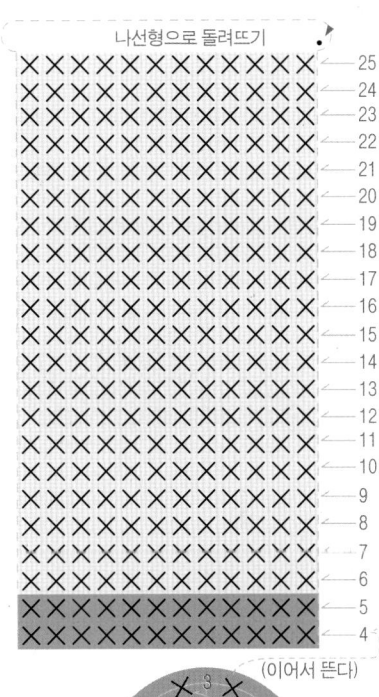

나선형으로 돌려뜨기

— 25
— 24
— 23
— 22
— 21
— 20
— 19
— 18
— 17
— 16
— 15
— 14
— 13
— 12
— 11
— 10
— 9
— 8
— 7
— 6
— 5
— 4

(이어서 뜬다)

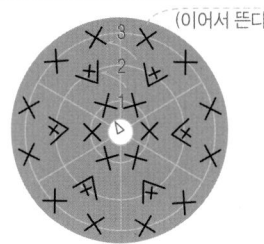

나비 넥타이

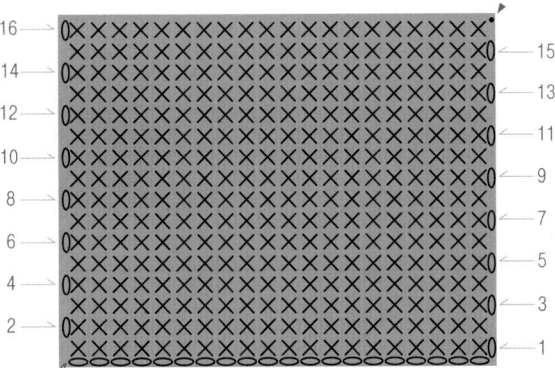

사슬 20코로 시작

HULOTTE
윌로트

블랙 앤 화이트 고양이 '윌로트'예요.
동그란 얼굴에 스카프를 두른 모습이 깜찍해요.
다른 색 실을 사용해서 반려묘나
좋아하는 고양이를 표현해 보는 것도 즐거울 거예요.

✕ ✕

✖ 재료
흰색 면사(DMC사의 Natura Ibiza 01번) 2볼
검정색 면사(DMC사의 Natura Noir 11번) 1볼
황록색 면사(DMC사의 Natura Moss green 75번) 1볼
검정색 자수실
코바늘 3.0mm(모사용 코바늘 5/0호)
지름 6mm 검정색 플라스틱 나사눈 2개
너비 6mm 검정색 플라스틱 코 1개
기본 키트(p.9)

✖ 사용한 뜨개기법
사슬뜨기, 짧은뜨기, 빼뜨기

✖ 표 보는 방법
작품은 짧은뜨기로 떠요. '늘림코'는 '짧은뜨기 2코 늘려뜨기'이고, '줄임코'는 '짧은뜨기 2코 모아
뜨기'예요. '증감 없음'은 '코마다 짧은뜨기 1코씩 뜨기'를 뜻해요. 같은 단에서 동일한 뜨기가 반
복될 경우 '( )×○회'로 표시했어요.

✖ 도움말
실을 자를 때 20cm 정도는
남기세요. 남은 실은 조각들
을 꿰매 연결할 때 사용해요.

머리

1 흰색 실과 코바늘 3.0mm로, 사슬뜨기 2코를 만든 후 첫 번째 사슬코에 바늘을 넣어 1단을 시작하세요.

단수	콧수	뜨는 방법
1	6	짧은뜨기 6코
2	12	늘림코 6번
3	18	(짧은뜨기 1코, 늘림코 1번)×6회
4	24	(짧은뜨기 2코, 늘림코 1번)×6회
5	30	(짧은뜨기 3코, 늘림코 1번)×6회
6	36	(짧은뜨기 4코, 늘림코 1번)×6회
7	42	(짧은뜨기 5코, 늘림코 1번)×6회
8	42	증감 없음.
9	48	(짧은뜨기 6코, 늘림코 1번)×6회
10	54	(짧은뜨기 7코, 늘림코 1번)×6회
11	60	(짧은뜨기 8코, 늘림코 1번)×6회
12~19	60	증감 없음.
20	66	(짧은뜨기 9코, 늘림코 1번)×6회
21	60	(짧은뜨기 9코, 줄임코 1번)×6회
22	54	(짧은뜨기 8코, 줄임코 1번)×6회
23	48	(짧은뜨기 7코, 줄임코 1번)×6회
24	42	(짧은뜨기 6코, 줄임코 1번)×6회
25	36	(짧은뜨기 5코, 줄임코 1번)×6회 머리에 솜을 채우기 시작한다.
26	30	(짧은뜨기 4코, 줄임코 1번)×6회
27	24	(짧은뜨기 3코, 줄임코 1번)×6회
28	18	(짧은뜨기 2코, 줄임코 1번)×6회 머리에 솜을 완전히 채운다. 빼뜨기 1코로 마무리하고 실을 자른다.

2 검정색 자수실로 얼굴의 19단과 20단 사이에 20코의 간격을 두고 나사눈을 고정하거나 수놓으세요. ▶사진 a

3 얼굴에 볼터치를 하세요. 그리고 검정색 자수실로 머리의 12번째 단, 눈 위에 눈썹을 수놓으세요. ▶p.15의 '얼굴 만들기' 참고

주둥이

1 황록색 실과 코바늘 3.0mm로, 사슬뜨기 2코를 만든 후 첫 번째 사슬코에 바늘을 넣어 1단을 시작하세요.

단수	콧수	뜨는 방법
1	6	짧은뜨기 6코
2	12	늘림코 6번
3~14	12	증감 없음.
15	6	편물을 납작하게 접는다. 마주보는 두 코에 한꺼번에 바늘을 넣어, 짧은뜨기 1단으로 입구를 막는다.
16~17	6	이제부터 왕복으로 평뜨기한다. 기둥코(사슬코) 1코, 짧은뜨기 6코 빼뜨기 1코로 마무리하고 실을 자른다. 솜은 넣지 않는다.

2 주둥이의 윗부분에 검정색 플라스틱 코를 끼우세요.

3 검정색 자수실로, 플라스틱 코의 아랫부분에 가는 선을 수놓으세요. ▶사진 b

a

b

팔

검정색 실과 코바늘 3.0mm로, 사슬뜨기 2코를 만든 후 첫 번째 사슬코에 바늘을 넣어 1단을 시작하세요.

단수	콧수	뜨는 방법
1	8	짧은뜨기 8코
2	16	늘림코 8번
3~22	16	증감 없음. 빼뜨기 1코로 마무리하고 실을 자른다. 같은 방법으로 팔을 1개 더 만든다. 솜은 넣지 않는다. ▶사진 c

다리와 몸통

검정색 실과 코바늘 3.0mm로, 사슬뜨기 2코를 만든 후 첫 번째 사슬코에 바늘을 넣어 1단을 시작하세요. 10단부터는 흰색 바탕에 황록색 도트무늬를 넣어가며 뜨세요. ▶p.14의 '배색하기' 참고

단수	콧수	색상	뜨는 방법
1	6	검정색	짧은뜨기 6코
2	12		늘림코 6번
3	18		(짧은뜨기 1코, 늘림코 1번)×6회
4~9	18		증감 없음. 빼뜨기 1코로 마무리하고 실을 자른다. 같은 방법으로 두 번째 다리를 만들고, 실을 자르지 않는다. ▶사진 d

c

10	42 (3+18+3+18)	흰색 (+황록)	두 번째 다리의 끝에 사슬뜨기 3코를 뜬다. ▶사진 e 첫 번째 다리에 짧은뜨기 18코를 뜨고, 사슬뜨기 3코, 두 번째 다리에 짧은뜨기 18코를 뜬다.
11	45		짧은뜨기 11코, 늘림코 1번, 짧은뜨기 9코, 늘림코 1번, 짧은뜨기 9코, 늘림코 1번, 짧은뜨기 10코 ▶사진 f
12~18	45		증감 없음.
19	47		늘림코 1번, 짧은뜨기 22코, 늘림코 1번, 짧은뜨기 21코
20~30	47		증감 없음.

〈뒷장으로 이어짐〉

d

e

f

〈앞장에서 이어짐〉

31	43	짧은뜨기 4코, 줄임코 1번, 짧은뜨기 9코, 줄임코 1번, 짧은뜨기 11코, 줄임코 1번, 짧은뜨기 10코, 줄임코 1번, 짧은뜨기 5코
32~33	43	증감 없음.
34	39	짧은뜨기 3코, 줄임코 1번, 짧은뜨기 8코, 줄임코 1번, 짧은뜨기 10코, 줄임코 1번, 짧은뜨기 10코, 줄임코 1번, 짧은뜨기 4코
35~37	39	증감 없음.
38	36	(짧은뜨기 11코, 줄임코 1번)×3회 다리와 몸통에 솜을 채우기 시작한다.
39~40	36	증감 없음.
41	30	(짧은뜨기 4코, 줄임코 1번)×6회
42~43	30	증감 없음.
44	24	(짧은뜨기 3코, 줄임코 1번)×6회 몸통에 솜을 완전히 채운다. 빼뜨기 1코로 마무리하고 실을 자른다. 첫 번째 다리에 남아있는 실을 돗바늘에 끼우고 다리 사이의 벌어진 부분을 꿰매 막는다. ▶사진 g

귀

검정색 실과 코바늘 3.0mm로, 사슬뜨기 2코를 만든 후 첫 번째 사슬코에 바늘을 넣어 1단을 시작하세요.

단수	콧수	뜨는 방법
1	6	짧은뜨기 6코
2	6	증감 없음.
3	12	늘림코 6번
4	12	증감 없음.
5	16	(짧은뜨기 2코, 늘림코 1번)×4회
6	16	증감 없음.
7	20	(짧은뜨기 3코, 늘림코 1번)×4회
8	20	증감 없음. 빼뜨기 1코로 마무리하고 실을 자른다. 같은 방법으로 귀를 1개 더 만든다. ▶사진 h 귀에는 솜을 넣지 않는다.

g

h

연결하기

1 얼굴에 주둥이의 위치를 잡은 후, 돗바늘로 꿰맵니다(이때 플라스틱 코가 튀어나오지 않도록 코의 안쪽 나사를 얼굴의 안으로 잘 넣습니다). ▶사진 i

2 몸통 위에 머리를 놓고, 한 코씩 연결해요. ▶사진 j

3 머리의 7번째 단에 귀 2개를 꿰매세요. ▶사진 k

4 몸통의 끝에서 두 번째 단에 팔을 고정하세요. ▶사진 l

✺도움말

귀의 위치를 잘 잡으려면, 머리 위 적당한 자리에 시침핀으로 귀를 고정하세요. 시침핀은 핀머리에 구슬이 달린 작은 핀이 좋아요. 그 다음 시침핀을 한 개씩 제거하면서 꿰매세요.

응용하기

배색하는 것이 어렵다면 주저하지 말고 한 가지 색으로만 뜨세요. 마찬가지로 예쁠 거예요.

i

k

j

l

머리

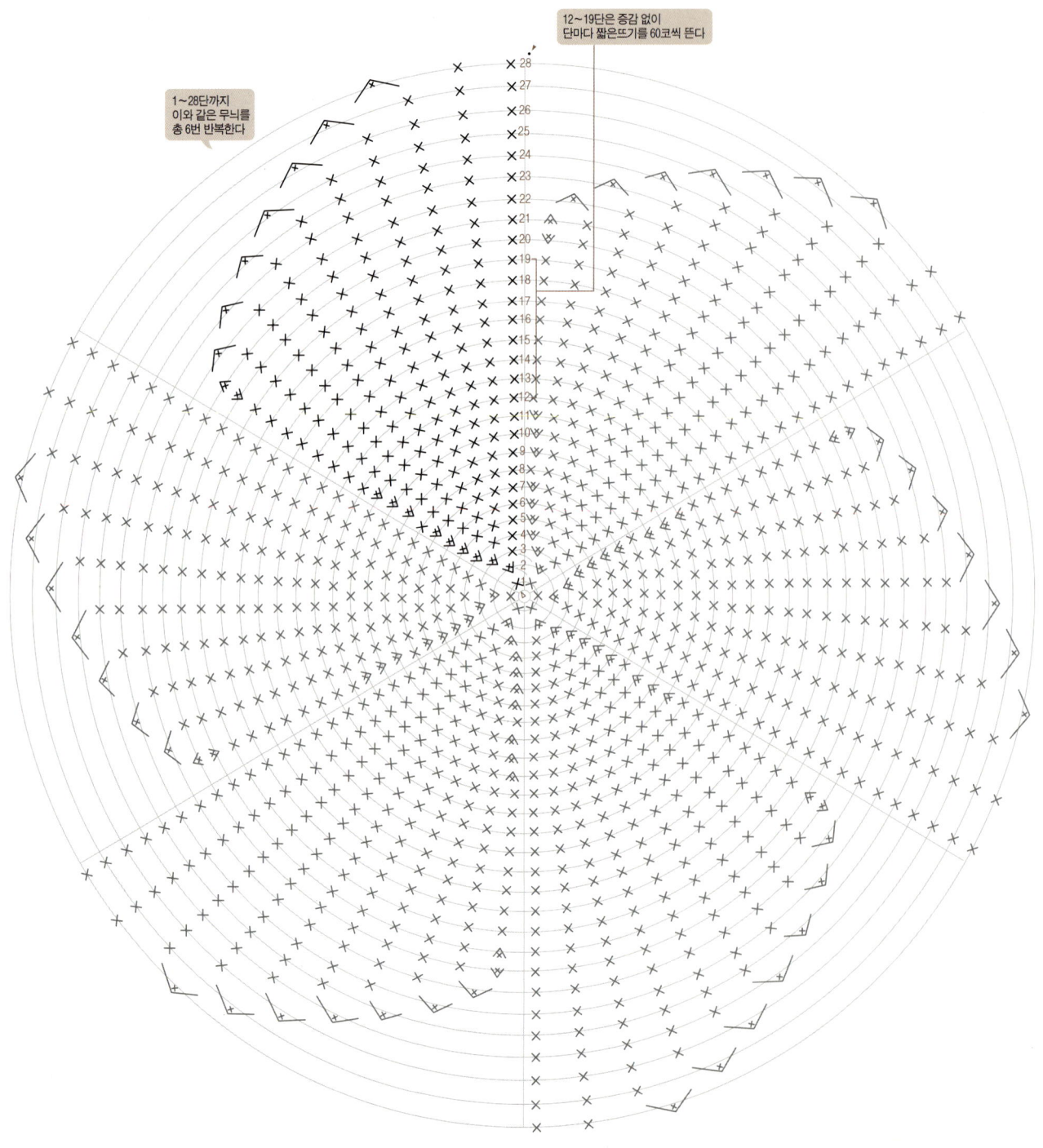

12~19단은 증감 없이
단마다 짧은뜨기를 60코씩 뜬다

1~28단까지
이와 같은 무늬를
총 6번 반복한다

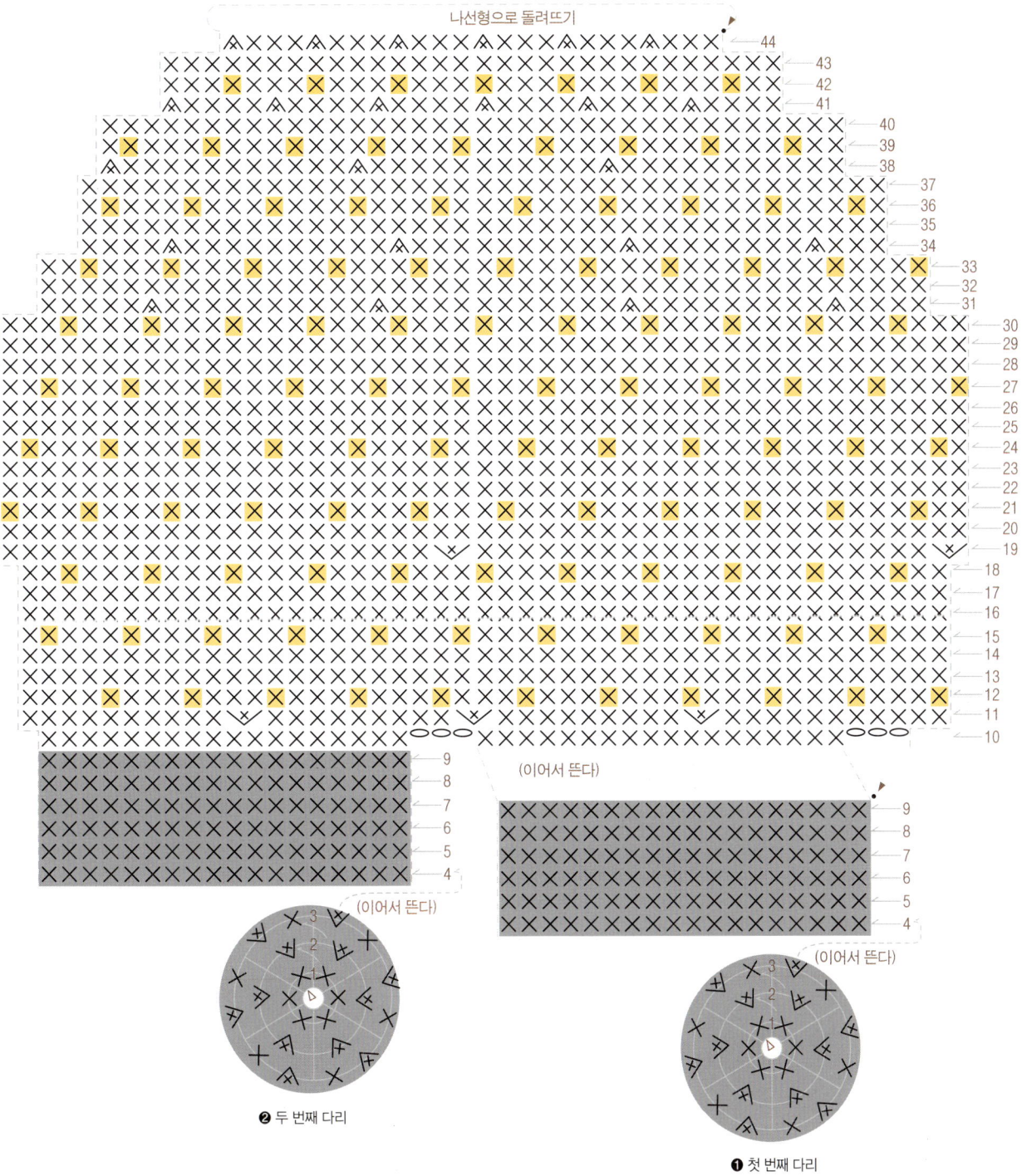

다리와 몸통

나선형으로 돌려뜨기

44
43
42
41
40
39
38
37
36
35
34
33
32
31
30
29
28
27
26
25
24
23
22
21
20
19
18
17
16
15
14
13
12
11
10

9
8
7
6
5
4

9
8
7
6
5
4

(이어서 뜬다)

(이어서 뜬다)

(이어서 뜬다)

❷ 두 번째 다리

❶ 첫 번째 다리

주둥이

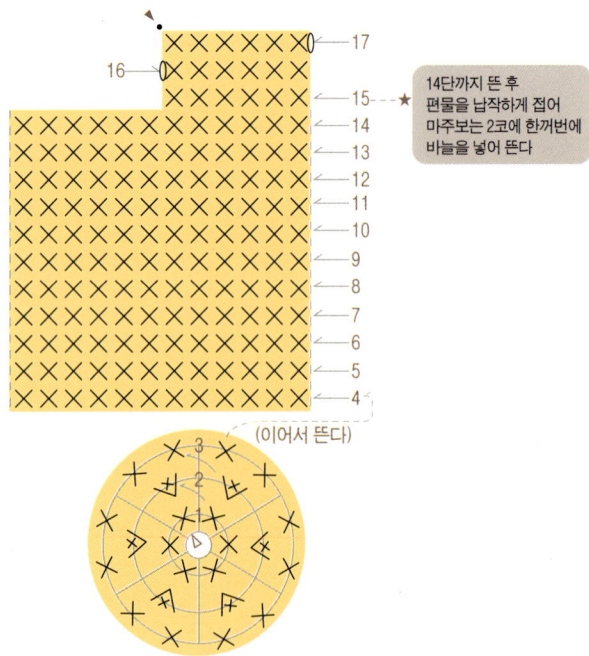

17
16
15 ★
14
13
12
11
10
9
8
7
6
5
4

14단까지 뜬 후
편물을 납작하게 접어
마주보는 2코에 한꺼번에
바늘을 넣어 뜬다

(이어서 뜬다)

3
2

귀-2개

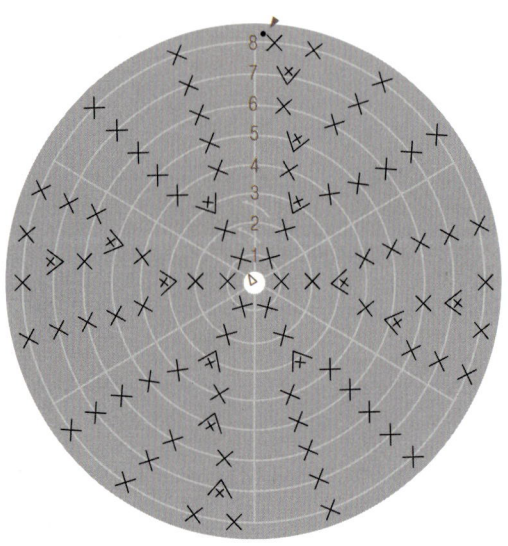

8
7
6
5
4
3
2

✕

팔-2개

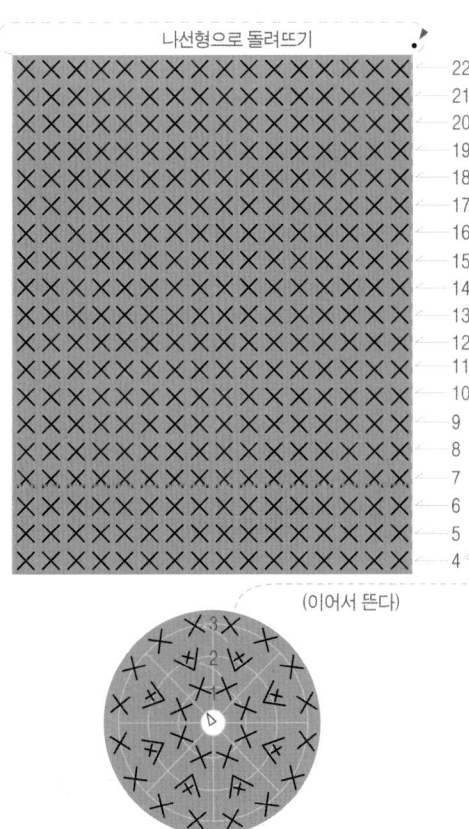

나선형으로 돌려뜨기

- 22
- 21
- 20
- 19
- 18
- 17
- 16
- 15
- 14
- 13
- 12
- 11
- 10
- 9
- 8
- 7
- 6
- 5
- 4

(이어서 뜬다)

3
2
1

난이도 ★ ★ ☆
크기 12×42cm

ZÉBULON
제불론

이 인형의 이름은 '제불론'이에요. 뾰족한 고깔모자를 쓰고
소박하게 미소 짓는, 귀여운 도트 무늬의
아주 쾌활한 캐릭터랍니다.

× ×

✖ 재료
흰색 모사(DMC사의 Woolly 01번) 3볼
황록색 면사(DMC사의 Natura Moss green 75번) 1볼
연분홍색 면사(DMC사의 Natura Rose soraya 32번) 1볼
금색 금속사(DMC사의 Lumina Or L677) 1볼
검정색 자수실
코바늘 3.0mm(모사용 코바늘 5/0호)
지름 6mm 검정색 플라스틱 나사눈 2개
기본 키트(p.9)

✖ 사용한 뜨개기법
사슬뜨기, 짧은뜨기, 빼뜨기

✖ 표 보는 방법
작품은 짧은뜨기로 떠요. '늘림코'는 '짧은뜨기 2코 늘려뜨기'이고, '줄임코'는 '짧은뜨기 2코 모아
뜨기'예요. '증감 없음'은 '코마다 짧은뜨기 1코씩 뜨기'를 뜻해요. 같은 단에서 동일한 뜨기가 반
복될 경우 '( )×○회'로 표시했어요.

머리

1 흰색 실과 코바늘 3.0mm로, 사슬뜨기 2코를 만든 후 첫 번째 사슬코에 바늘을 넣어 1단을 시작하세요.

단수	콧수	뜨는 방법
1	6	짧은뜨기 6코
2	12	늘림코 6번
3	18	(짧은뜨기 1코, 늘림코 1번)×6회
4	24	(짧은뜨기 2코, 늘림코 1번)×6회
5	30	(짧은뜨기 3코, 늘림코 1번)×6회
6	36	(짧은뜨기 4코, 늘림코 1번)×6회
7	42	(짧은뜨기 5코, 늘림코 1번)×6회
8	48	(짧은뜨기 6코, 늘림코 1번)×6회
9	48	증감 없음.
10	54	(짧은뜨기 7코, 늘림코 1번)×6회
11	60	(짧은뜨기 8코, 늘림코 1번)×6회
12~19	60	증감 없음.
20	54	(짧은뜨기 8코, 줄임코 1번)×6회 머리에 솜을 채우기 시작한다.
21	48	(짧은뜨기 7코, 줄임코 1번)×6회
22	42	(짧은뜨기 6코, 줄임코 1번)×6회
23	36	(짧은뜨기 5코, 줄임코 1번)×6회 14단과 15단 사이에 12코의 간격을 두고 눈을 끼운다.
24	30	(짧은뜨기 4코, 줄임코 1번)×6회
25	24	(짧은뜨기 3코, 줄임코 1번)×6회 머리에 솜을 완전히 채운다.
26	18	(짧은뜨기 2코, 줄임코 1번)×6회 빼뜨기 1코로 마무리하고 실을 자른다.

2 검정색 자수실로 캐릭터의 코와 입을 수놓으세요. ▶사진 a
3 얼굴에 볼터치를 하세요. ▶p.15의 '얼굴 만들기' 참고

다리와 몸통

흰색 실과 코바늘 3.0mm로, 사슬뜨기 2코를 만든 후 첫 번째 사슬코에 바늘을 넣어 1단을 시작하세요.

단수	콧수	뜨는 방법
1	6	짧은뜨기 6코
2	12	늘림코 6번
3	18	(짧은뜨기 1코, 늘림코 1번)×6회
4~19	18	증감 없음. 빼뜨기 1코로 마무리하고 실을 자른다. 같은 방법으로 두 번째 다리를 만들고, 실을 자르지 않는다. 두 다리에 솜을 채운다.
20	36 (18+18)	두 번째 다리에 코바늘을 꽂은 채, 첫 번째 다리의 첫 번째 코에 코바늘을 꽂는다. 첫 번째 다리에 짧은뜨기 18코를 뜨고, 바로 이어 두 번째 다리에 짧은뜨기 18코를 뜬다. ▶사진 b 계속하여 원형으로 돌려뜬다.
21	39	짧은뜨기 8코, 늘림코 1번, 짧은뜨기 8코, 늘림코 1번, 짧은뜨기 8코, 늘림코 1번, 짧은뜨기 9코
22	42	짧은뜨기 10코, 늘림코 1번, 짧은뜨기 9코, 늘림코 1번, 짧은뜨기 8코, 늘림코 1번, 짧은뜨기 9코
23	45	짧은뜨기 11코, 늘림코 1번, 짧은뜨기 9코, 늘림코 1번, 짧은뜨기 9코, 늘림코 1번, 짧은뜨기 10코
24	45	증감 없음.
25	48	짧은뜨기 11코, 늘림코 1번, 짧은뜨기 10코, 늘림코 1번, 짧은뜨기 10코, 늘림코 1번, 짧은뜨기 11코

a

b

26~34	48	증감 없음. 몸통에 솜을 채우기 시작한다.
35	44	짧은뜨기 14코, 줄임코 1번, 짧은뜨기 5코, 줄임코 1번, 짧은뜨기 6코, 줄임코 1번, 짧은뜨기 6코, 줄임코 1번, 짧은뜨기 9코
36~37	44	증감 없음.
38	42	짧은뜨기 13코, 줄임코 1번, 짧은뜨기 20코, 줄임코 1번, 짧은뜨기 7코
39~42	42	증감 없음.
43	36	(짧은뜨기 5코, 줄임코 1번)×6회
44~48	36	증감 없음.
49	30	(짧은뜨기 4코, 줄임코 1번)×6회
50~54	30	증감 없음.
55	24	(짧은뜨기 3코, 줄임코 1번)×6회
56~57	24	증감 없음.
58	18	(짧은뜨기 2코, 줄임코 1번)×6회
59~60	18	증감 없음. 솜을 완전히 채운다. 빼뜨기 1코로 마무리하고 실을 자른다. ▶사진 c

팔

흰색 실과 코바늘 3.0mm로, 사슬뜨기 2코를 만든 후 첫 번째 사슬코에 바늘을 넣어 1단을 시작하세요.

단수	콧수	뜨는 방법
1	6	짧은뜨기 6코
2	12	늘림코 6번
3~7	12	증감 없음.
8	11	줄임코 1번, 짧은뜨기 10코
9~18	11	증감 없음.
19	10	줄임코 1번, 짧은뜨기 9코
20~38	10	증감 없음. 빼뜨기 1코로 마무리하고 실을 자른다. 같은 방법으로 팔을 1개 더 만든다. 팔에는 솜을 넣지 않는다.

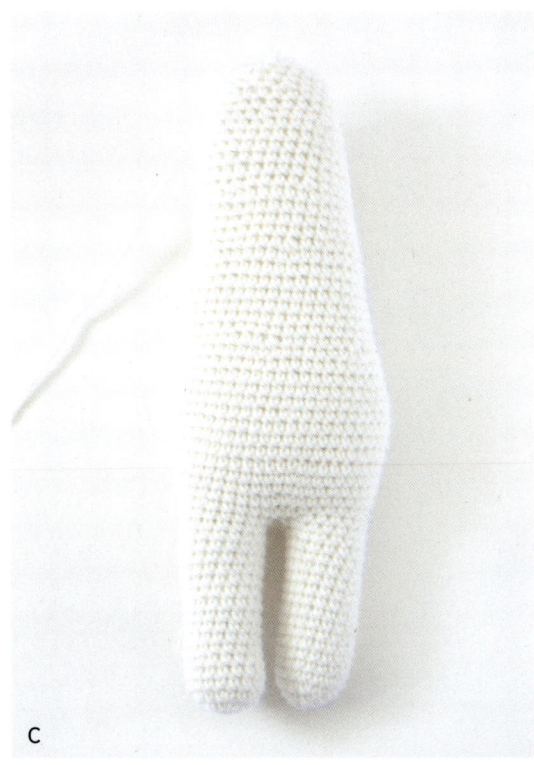

c

귀

흰색 실과 코바늘 3.0mm로, 사슬뜨기 2코를 만든 후 첫 번째
사슬코에 바늘을 넣어 1단을 시작하세요.

단수	콧수	뜨는 방법
1	6	짧은뜨기 6코
2	6	증감 없음.
3	12	늘림코 6번
4	12	증감 없음.
5	18	(짧은뜨기 1코, 늘림코 1번)×6회
6~9	18	증감 없음.
10	12	(짧은뜨기 1코, 줄임코 1번)×6회
11~12	12	증감 없음.
13	8	(짧은뜨기 1코, 줄임코 1번)×4회
14	8	증감 없음. 빼뜨기 1코로 마무리하고 실을 자른다. 같은 방법으로 귀를 1개 더 만든다. 귀에는 솜을 넣지 않는다. ▶사진 d

모자

흰색 실과 코바늘 3.0mm로, 사슬뜨기 2코를 만든 후 첫 번째
사슬코에 바늘을 넣어 1단을 시작하세요.

단수	콧수	뜨는 방법
1	6	짧은뜨기 6코
2~3	6	증감 없음.
4	12	늘림코 6번
5~6	12	증감 없음.
7	18	(짧은뜨기 1코, 늘림코 1번)×6회
8~9	18	증감 없음.
10	24	(짧은 뜨기 2코, 늘림코 1번)×6회
11~12	24	증감 없음.
13	30	(짧은뜨기 3코, 늘림코 1번)×6회
14~15	30	증감 없음.
16	36	(짧은뜨기 4코, 늘림코 1번)×6회
17~18	36	증감 없음.
19	42	(짧은뜨기 5코, 늘림코 1번)×6회
20~21	42	증감 없음.
22	48	(짧은뜨기 6코, 늘림코 1번)×6회
23~24	48	증감 없음.
25	54	(짧은뜨기 7코, 늘림코 1번)×6회
26~27	54	증감 없음.
28	60	(짧은뜨기 8코, 늘림코 1번)×6회 빼뜨기 1코로 마무리하고 실을 자른다. 모자에 솜을 채우기 시작한다. ▶사진 e

d

e

금색 도트

[황록색 실 1겹+금색 금속사 1겹]과 코바늘 3.0mm로, 사슬뜨기 2코를 만든 후 첫 번째 사슬코에 바늘을 넣어 1단을 시작하세요.

단수	콧수	뜨는 방법
1	6	짧은뜨기 6코
2	12	늘림코 6번 빼뜨기 1코로 마무리하고, 충분히 길게 실을 남기고 자른다. 남은 실은 캐릭터에 도트를 꿰맬 때 사용한다. ▶사진 f

나비넥타이

1 연분홍색 실과 코바늘 3.0mm로, 사슬뜨기 20코를 뜬 후 왕복으로 평뜨기 하세요. 각 단의 시작은 사슬뜨기 1코로 기둥코를 세워 짧은뜨기 첫코와 높이를 맞추세요. 기둥코로 뜬 사슬코는 콧수로 세지 않아요.

단수	콧수	뜨는 방법
1~16	20	기둥코(사슬코) 1코, 짧은뜨기 20코 빼뜨기 1코로 마무리하고, 실을 최소한 40cm 남기고 자른다.

2 남은 실을 돗바늘에 끼우고 직사각형 편물의 가운데로 실을 빼서, 가운데를 실로 여러 바퀴 감아 나비넥타이 모양을 만드세요. 첫 단에 남아있는 실을 가운데로 가져와서 두 실을 함께 묶어요.

✖도움말
제불론의 다리와 몸통에 솜을 단단히 채우세요. 그래야 세워놓기 쉽답니다. 특히 아이 방에 장식용으로 두려면 말이죠.

연결하기

1 먼저 몸통에 머리를 고정하세요.

2 머리의 12번째 단에 귀 2개를 꿰매세요. ▶사진 g

3 모자를 귀 바로 위에, 9번에서 꿰맨 봉제선을 가린다는 생각으로 올려놓으세요. 머리의 둘레를 따라(머리의 13번째 단에) 아주 작은 스티치로 꿰맵니다. 이때 적당히 솜을 더 채워 넣으세요. ▶사진 h

4 몸통의 끝에서 두 번째 단에 팔 2개를 고정하고 나비넥타이는 목에 고정하세요.

5 몸통과 모자에 도트를 꿰매세요.

✖도움말
머리와 몸통을 연결할 때 몸통에 솜을 아주 단단하게 채워야 해요. 모자가 있어 머리가 무겁기 때문에 목 부분에 솜이 가득 차있지 않으면 완성 후에 머리가 기울어질 수 있어요.

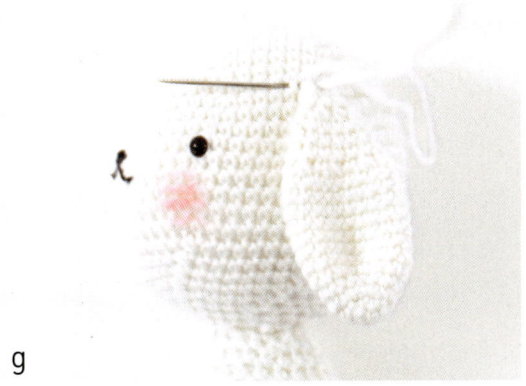

g

f

h

머리

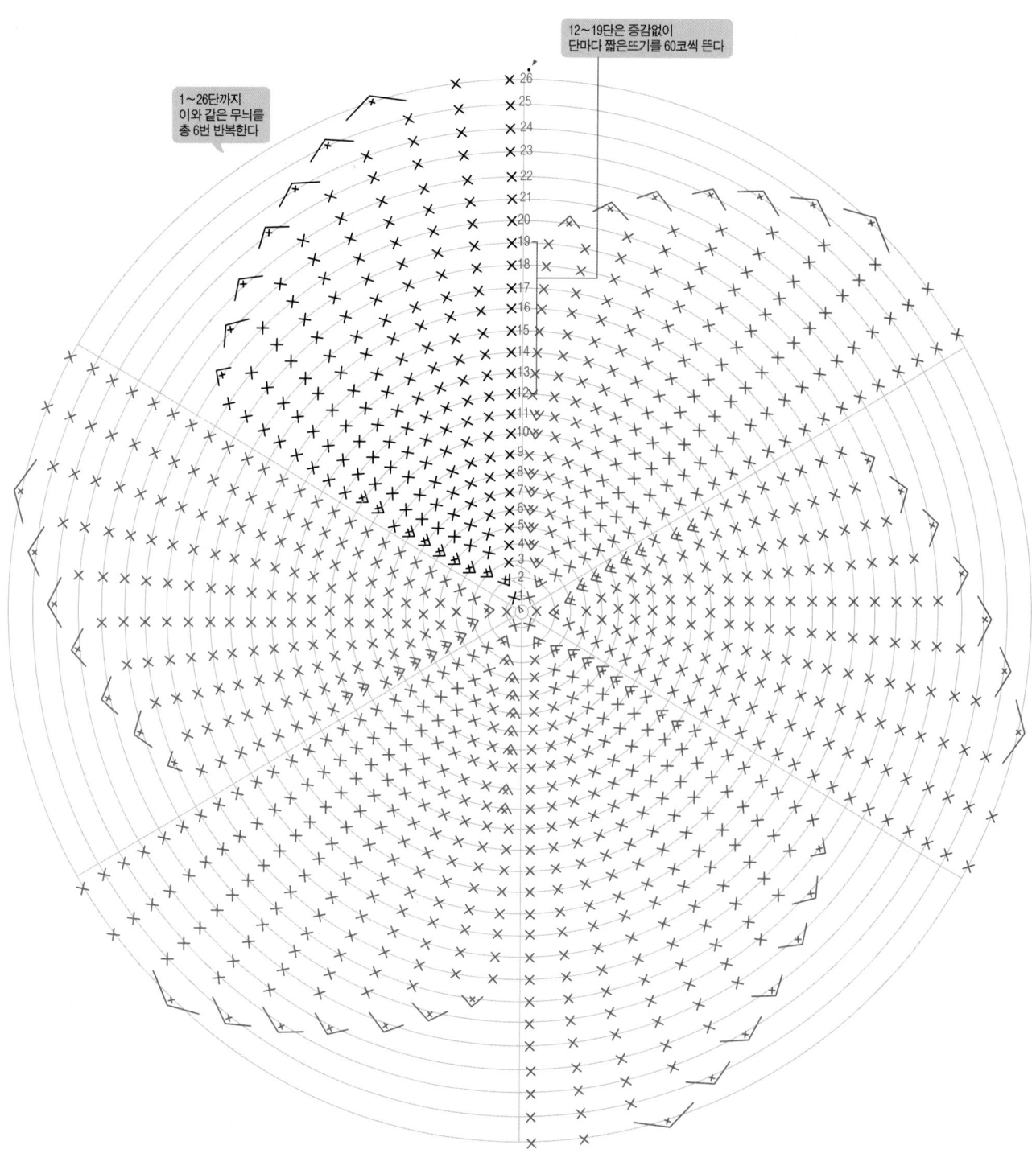

12~19단은 증감없이
단마다 짧은뜨기를 60코씩 뜬다

1~26단까지
이와 같은 무늬를
총 6번 반복한다

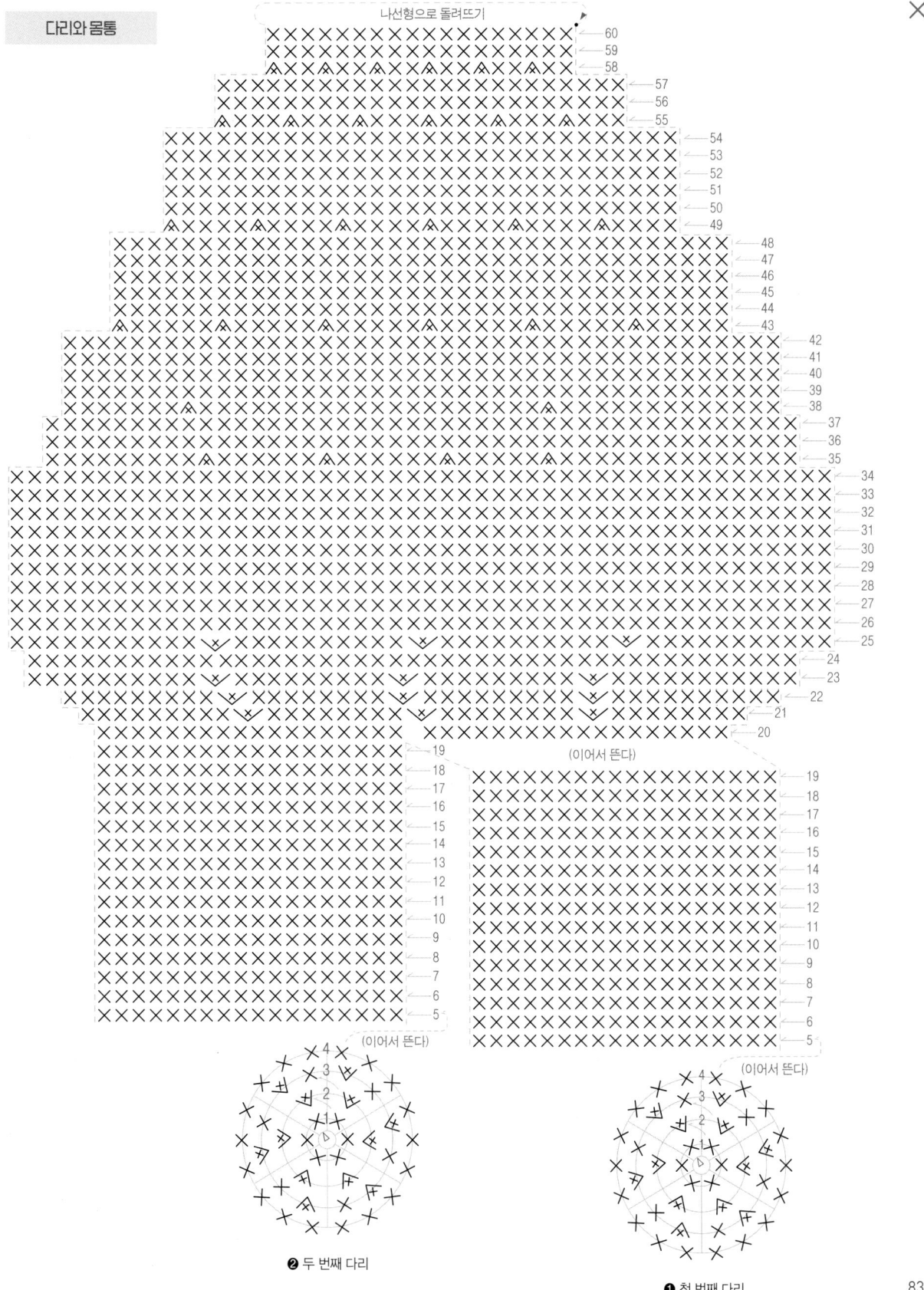

나선형으로 돌려뜨기

← 60
← 59
← 58
← 57
← 56
← 55
← 54
← 53
← 52
← 51
← 50
← 49
← 48
← 47
← 46
← 45
← 44
← 43
← 42
← 41
← 40
← 39
← 38
← 37
← 36
← 35
← 34
← 33
← 32
← 31
← 30
← 29
← 28
← 27
← 26
← 25
← 24
← 23
← 22
← 21
← 20

(이어서 뜬다)

← 19
← 18
← 17
← 16
← 15
← 14
← 13
← 12
← 11
← 10
← 9
← 8
← 7
← 6
← 5

(이어서 뜬다)

(이어서 뜬다)

❷ 두 번째 다리

❶ 첫 번째 다리

귀-2개

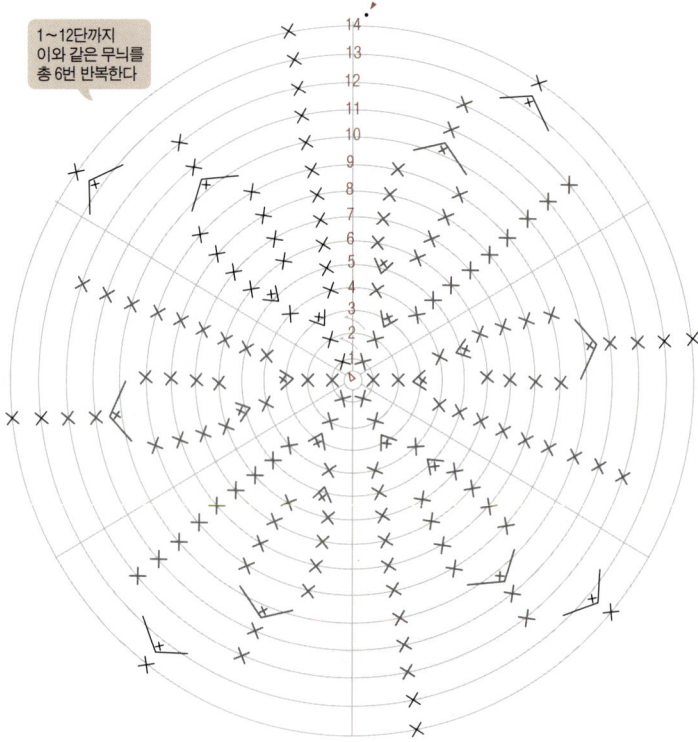

1~12단까지
이와 같은 무늬를
총 6번 반복한다

팔-2개

나선형으로 돌려뜨기

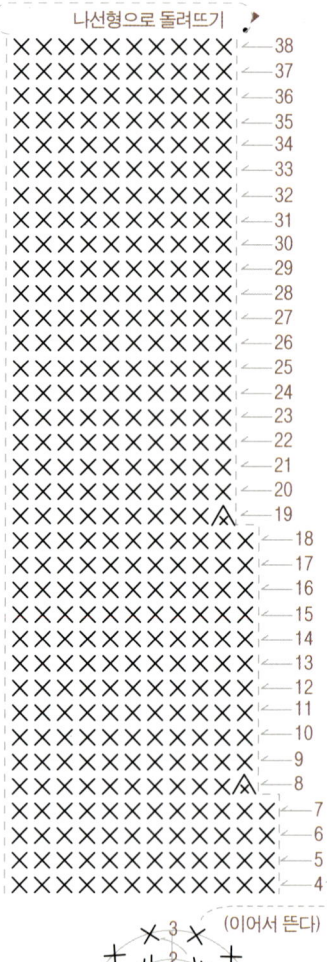

(이어서 뜬다)

나비넥타이

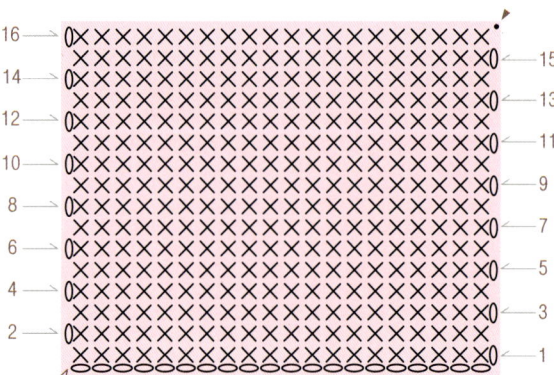

사슬 20코로 시작

도트

1~28단까지
이와 같은 무늬를
총 6번 반복한다

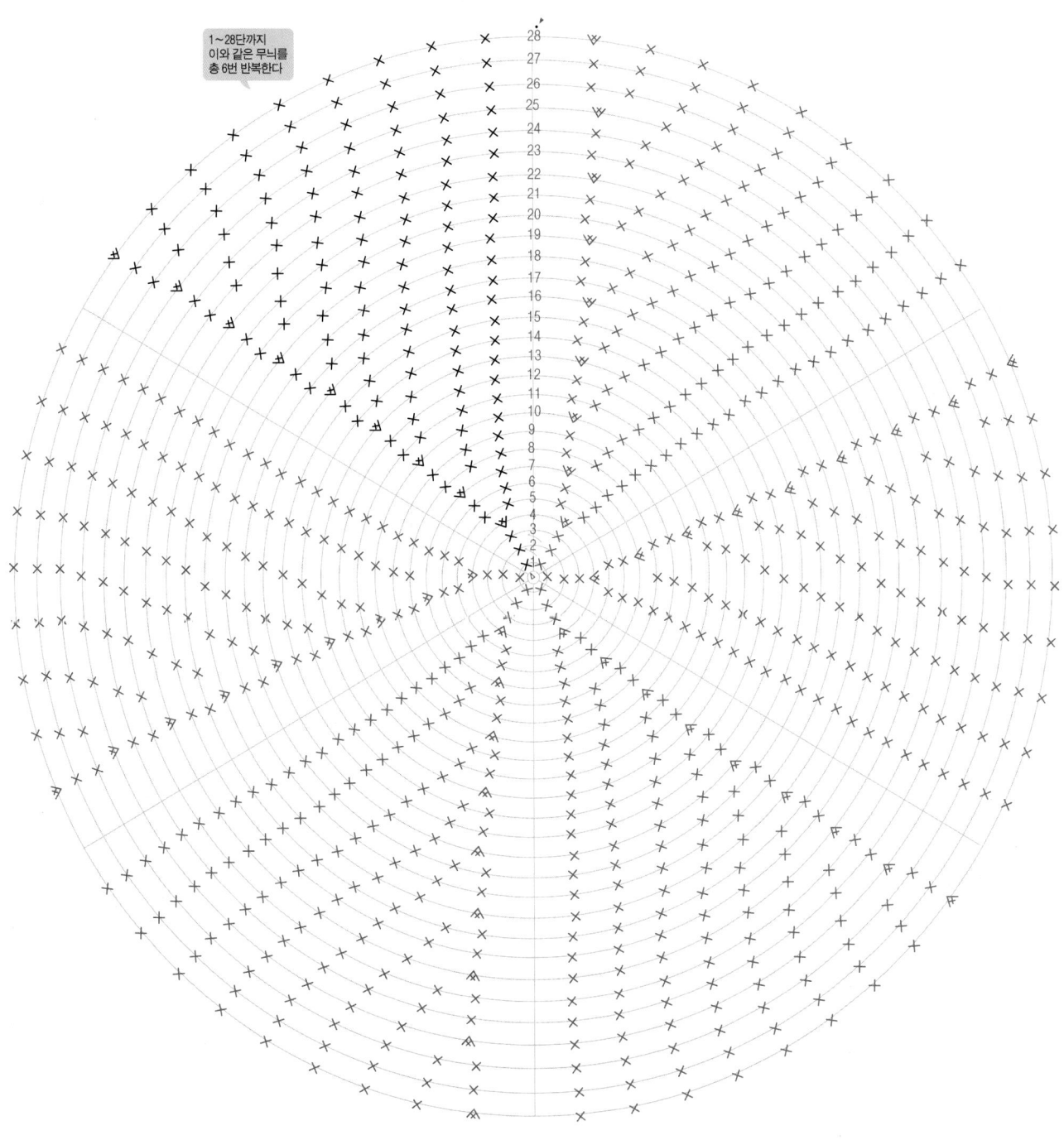

난이도 ★ ★ ☆

크기 25×27cm(문어 다리 45cm)

OCTAVIA
옥타비아

이 거대한 문어를 보는 순간 긴 다리에 놀라고
그 눈빛에 사로잡히게 될 거예요. 아이들의 관심도 단번에 집중된답니다.
'옥타비아'는 인형이기도 하고,
잠시 쉴 때 기댈 수 있는 쿠션이기도 해요.

✖✖

✖재료
흰색 모사(DMC사의 Woolly 01번) 7볼
겨자색 모사(DMC사의 Woolly 91번) 3볼
연두색 모사(DMC사의 Woolly 92번) 3볼
검정색 모사(DMC사의 Woolly 02번) 1볼
물고기용으로 원하는 색상(DMC사의 Woolly) 1볼
금색 금속사(DMC사의 Lumina Or L677) 1볼
코바늘 6.0mm(모사용 코바늘 10/0호)
코바늘 3.0mm(모사용 코바늘 5/0호)
기본 키트(p.9)

✖사용한 뜨개기법
사슬뜨기, 짧은뜨기, 빼뜨기, 한길긴뜨기, 두길긴뜨기

✖표 보는 방법
작품은 짧은뜨기로 떠요. '늘림코'는 '짧은뜨기 2코 늘려뜨기'이고, '줄임코'는 '짧은뜨기 2코 모아
뜨기'예요. '증감 없음'은 '코마다 짧은뜨기 1코씩 뜨기'를 뜻해요. 같은 단에서 동일한 뜨기가 반
복될 경우 '( )×○회'로 표시했어요.

머리

흰색 실 2겹과 코바늘 6.0mm로, 사슬뜨기 2코를 만든 후 첫 번째 사슬코에 바늘을 넣어 1단을 시작하세요.

단수	콧수	뜨는 방법
1	6	짧은뜨기 6코
2	12	늘림코 6번
3	18	(짧은뜨기 1코, 늘림코 1번)×6회
4	24	(짧은뜨기 2코, 늘림코 1번)×6회
5	30	(짧은뜨기 3코, 늘림코 1번)×6회
6	36	(짧은뜨기 4코, 늘림코 1번)×6회
7	42	(짧은뜨기 5코, 늘림코 1번)×6회
8	48	(짧은뜨기 6코, 늘림코 1번)×6회
9	54	(짧은뜨기 7코, 늘림코 1번)×6회
10	60	(짧은뜨기 8코, 늘림코 1번)×6회
11	66	(짧은뜨기 9코, 늘림코 1번)×6회
12	72	(짧은뜨기 10코, 늘림코 1번)×6회
13	78	(짧은뜨기 11코, 늘림코 1번)×6회
14	84	(짧은뜨기 12코, 늘림코 1번)×6회
15	84	증감 없음.
16	90	(짧은뜨기 13코, 늘림코 1번)×6회
17	96	(짧은뜨기 14코, 늘림코 1번)×6회
18	102	(짧은뜨기 15코, 늘림코 1번)×6회
19	108	(짧은뜨기 16코, 늘림코 1번)×6회
20~31	108	증감 없음.
32	102	(짧은뜨기 16코, 줄임코 1번)×6회
33	96	(짧은뜨기 15코, 줄임코 1번)×6회
34~36	96	증감 없음.
37	90	(짧은뜨기 14코, 줄임코 1번)×6회
38	84	(짧은뜨기 13코, 줄임코 1번)×6회
39~40	84	증감 없음.
41	78	(짧은뜨기 12코, 줄임코 1번)×6회
42	72	(짧은뜨기 11코, 줄임코 1번)×6회
43	66	(짧은뜨기 10코, 줄임코 1번)×6회
44~45	66	증감 없음.
46	60	(짧은뜨기 9코, 줄임코 1번)×6회
47	54	(짧은뜨기 8코, 줄임코 1번)×6회
48~49	54	증감 없음. 빼뜨기 1코로 마무리하고, 실을 자른다. ▶사진 a

바닥

흰색 실 2겹과 코바늘 6.0mm로, 사슬뜨기 2코를 만든 후 첫 번째 사슬코에 바늘을 넣어 1단을 시작하세요.

단수	콧수	뜨는 방법
1	6	짧은뜨기 6코
2	12	늘림코 6번
3	18	(짧은뜨기 1코, 늘림코 1번)×6회
4	24	(짧은뜨기 2코, 늘림코 1번)×6회
5	30	(짧은뜨기 3코, 늘림코 1번)×6회
6	36	(짧은뜨기 4코, 늘림코 1번)×6회
7	42	(짧은뜨기 5코, 늘림코 1번)×6회
8	48	(짧은뜨기 6코, 늘림코 1번)×6회
9	54	(짧은뜨기 7코, 늘림코 1번)×6회
10	60	(짧은뜨기 8코, 늘림코 1번)×6회 빼뜨기 1코로 마무리하고, 실을 자른다. ▶사진 b

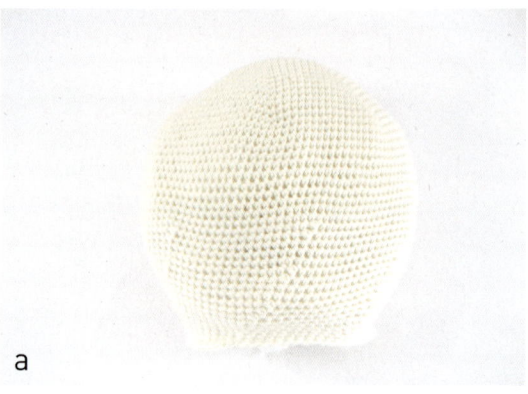

a

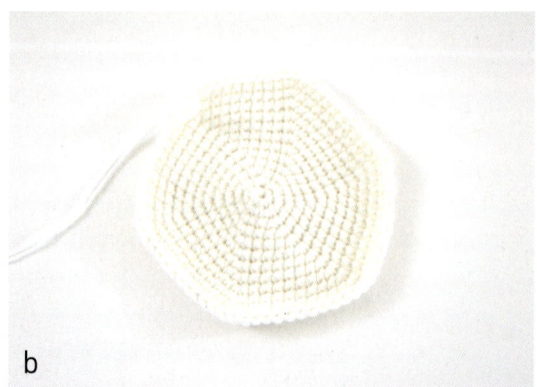

b

다리

흰색 실 2겹, 또는 겨자색 실 2겹, 또는 연두색 실 2겹(다리 1개당 1가지 색상)과 코바늘 6.0mm로, 사슬뜨기 10코를 뜬 후 왕복으로 평뜨기 하세요. 기둥코로 뜬 사슬코는 콧수로 세지 않아요.

단수	콧수	뜨는 방법
1~5	10	기둥코(사슬코) 1코, 짧은뜨기 10코
6	9	기둥코 1코, 짧은뜨기 8코, 줄임코 1코
7~11	9	기둥코 1코, 짧은뜨기 9코
12	8	기둥코 1코, 짧은뜨기 7코, 줄임코 1코
13~17	8	기둥코 1코, 짧은뜨기 8코
18	7	기둥코 1코, 짧은뜨기 6코, 줄임코 1코
19~29	7	기둥코 1코, 짧은뜨기 7코
30	6	기둥코 1코, 짧은뜨기 5코, 줄임코 1코
31~45	6	기둥코 1코, 짧은뜨기 6코
46	5	기둥코 1코, 짧은뜨기 4코, 줄임코 1코
47~55	5	기둥코 1코, 짧은뜨기 5코
56	4	기둥코 1코, 짧은뜨기 3코, 줄임코 1코
57~63	4	기둥코 1코, 짧은뜨기 4코
64	3	기둥코 1코, 짧은뜨기 2코, 줄임코 1코
65~67	3	기둥코 1코, 짧은뜨기 3코
68	2	기둥코 1코, 짧은뜨기 1코, 줄임코 1코
69	1	기둥코 1코, 줄임코 1코 빼뜨기 1코로 마무리하고, 실을 자른다. 같은 방법으로 다리를 14개 만든다. ▶사진 c

눈

검정색 실과 코바늘 6.0mm로, 사슬뜨기 2코를 만든 후 첫 번째 사슬코에 바늘을 넣어 1단을 시작하세요.

단	콧수	뜨는 방법
1	6	짧은뜨기 6코
2	6	증감 없음.
3	12	늘림코 6번
4	18	(짧은뜨기 1코, 늘림코 1번)×6회 빼뜨기 1코로 마무리하고, 실을 자른다. 같은 방법으로 눈을 1개 더 만든다. ▶사진 d 눈에는 솜을 넣지 않는다.

응용하기

문어 다리의 크기를 다양하게 만들어보세요. 단조로운 느낌이 줄어들고 더 자연스러워져요. 총 단수와 줄임코의 개수만 조정하면 됩니다.

c

d

입술

검정색 실과 코바늘 3.0mm로, 사슬뜨기 7코를 만든 후 빼뜨기 1코로 마무리하고, 실을 자르세요. ▶사진 e

물고기

[원하는 색상의 실 1겹+금색 금속사 1겹]과 코바늘 3.0mm로, 사슬뜨기 11코를 뜨세요.

단수	콧수	뜨는 방법
①1단	11→13	기둥코(사슬코) 1코, 짧은뜨기 1코, 한길긴뜨기 1코, 두길긴뜨기 7코, 한길긴뜨기 1코, 짧은뜨기 3코 늘려뜨기
1단의 아래	10	편물을 아래로 돌린다. 한길긴뜨기 1코, 두길긴뜨기 7코, 한길긴뜨기 1코, 짧은뜨기 1코 빼뜨기 1코로 마무리하고 실을 자르지 않는다.
②이어서 사슬뜨기 5코를 하여 꼬리의 반쪽을 뜬다.		
꼬리 1단	5	기둥코(사슬코) 1코, 짧은뜨기 1코, 한길긴뜨기 1코, 두길긴뜨기 1코, 한길긴뜨기 1코, 짧은뜨기 1코
③이어서 사슬뜨기 5코를 하여 꼬리의 다른 반쪽을 뜬다.		
꼬리 1단	5	기둥코(사슬코) 1코, 짧은뜨기 1코, 한길긴뜨기 1코, 두길긴뜨기 1코, 한길긴뜨기 1코, 짧은뜨기 1코 빼뜨기 1코로 마무리하고 실을 자른다.

응용하기
코바늘 3.0mm와 그에 맞는 굵기의 실을 이용하면, 더 작은 문어를 만들 수 있어요. 장소가 좁다면 큰 문어보다는 작은 문어가 어울릴 거예요.

f

g

e

h

연결하기

1 문어 머리부터 솜을 채워요. 얼굴에 눈과 입술을 고정하고, 남은 실은 머리 안쪽으로 넣어 정리하세요. ▶사진 e 그런 다음 얼굴에 볼터치를 하세요. ▶p.15의 '얼굴 만들기' 참고

2 문어 머리의 끝에서 두 번째 단에 바닥을 연결해요. 연결하면서 머리에 솜을 단단히 채웁니다. ▶사진 f, g

3 바닥의 마지막 단에 문어 다리들을 고정하세요. ▶사진 h, i

4 문어 머리의 윗부분에 물고기들을 고정하세요. ▶사진 j

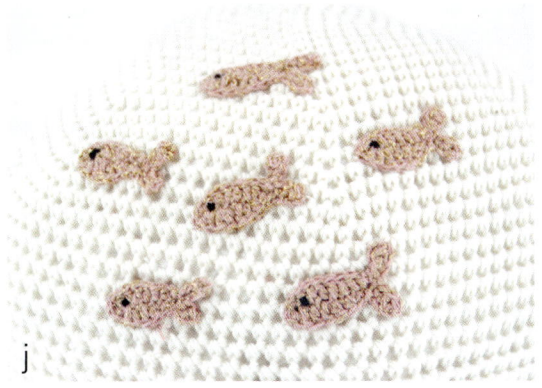

j

i

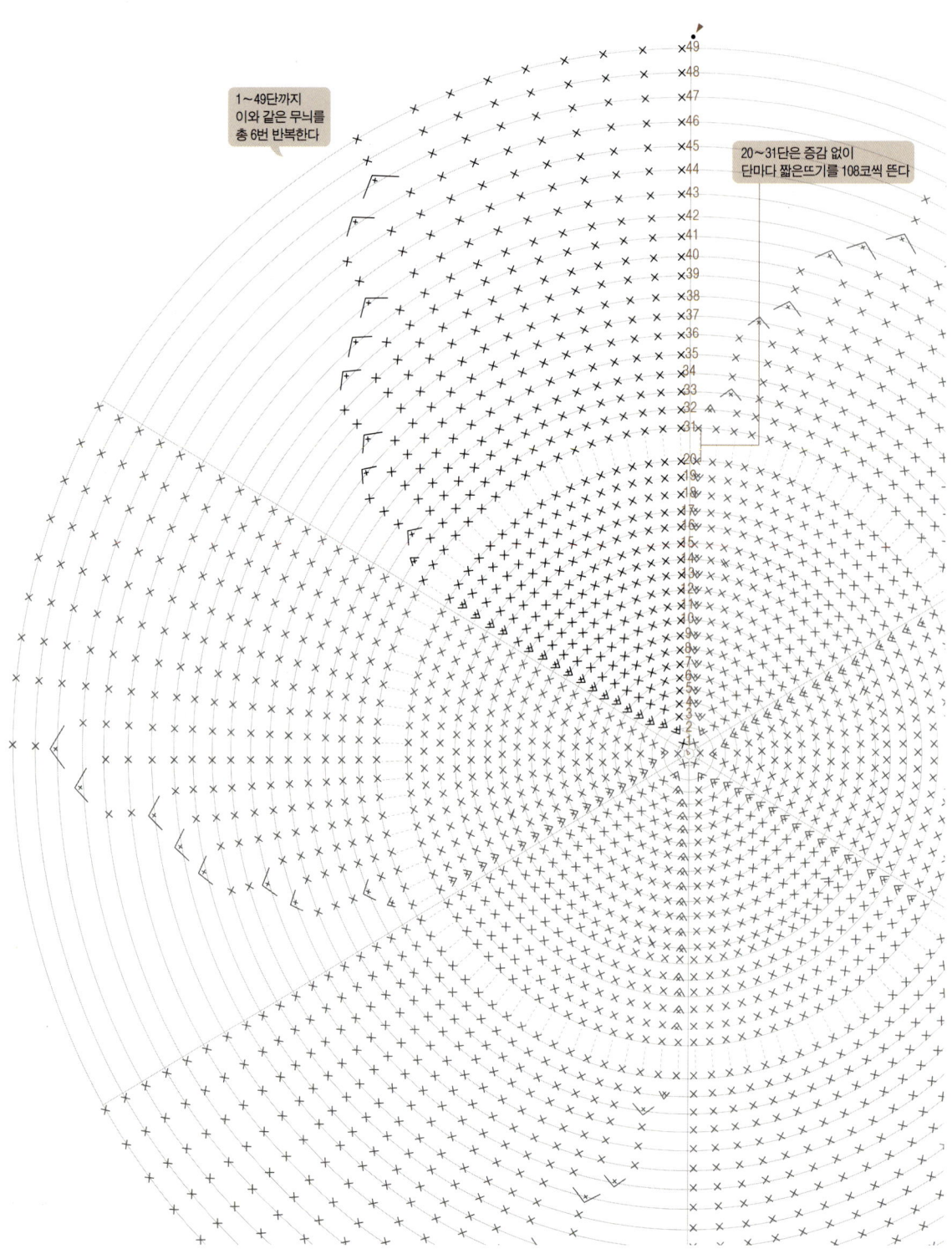

1~49단까지
이와 같은 무늬를
총 6번 반복한다

20~31단은 증감 없이
단마다 짧은뜨기를 108코씩 뜬다

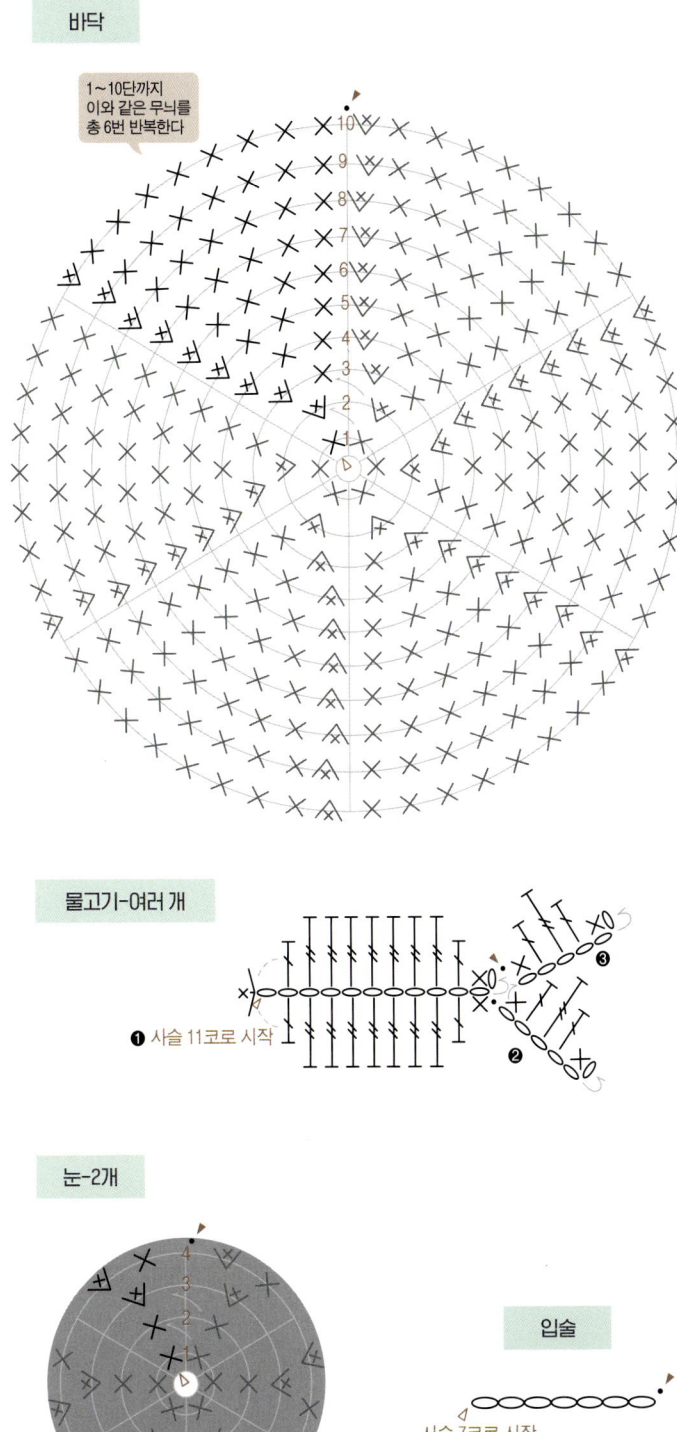

바닥

1~10단까지
이와 같은 무늬를
총 6번 반복한다

다리-14개

물고기-여러 개

❶ 사슬 11코로 시작

❷

❸

눈-2개

입술

사슬 7코로 시작

사슬 10코로 시작

난이도 ★ ★ ★
크기 19×32cm

GÉDÉON
제데옹

두더지인지 고슴도치인지, 정체를 알 수 없는 이 캐릭터에게
'제데옹'이라는 이름을 붙여주었어요. 왠지 잘 어울리는 이름이라서요!
작고 동그란 두 눈에 모자를 쓴, 이 귀여운 캐릭터의 성격은
아이의 상상에 맡겨보세요.

✖ ✖

✖ 재료
연베이지색 면사(DMC사의 Natura Nacar 35번) 4볼
흰색 면사(DMC사의 Natura Ibiza 01번) 1볼
황록색 면사(DMC사의 Natura Moss green 75번) 1볼
검정색 자수실
코바늘 5.0mm(모사용 코바늘 8/0호)
코바늘 3.0mm(모사용 코바늘 5/0호)
지름 9mm 검정색 플라스틱 나사눈 2개
기본 키트(p.9)

✖ 사용한 뜨개기법
사슬뜨기, 짧은뜨기, 빼뜨기, 한길긴뜨기 5코 방울뜨기

✖ 표 보는 방법
작품은 짧은뜨기로 떠요. '늘림코'는 '짧은뜨기 2코 늘려뜨기'이고, '줄임코'는 '짧은뜨기 2코 모아
뜨기'예요. '증감 없음'은 '코마다 짧은뜨기 1코씩 뜨기'를 뜻해요. 같은 단에서 동일한 뜨기가 반
복될 경우 '( )×○회'로 표시했어요. '방울뜨기'는 '한길긴뜨기 5코 방울뜨기'예요. 뜨는 방법은
p.11을 참고하세요.

머리

연베이지색 실 2겹과 코바늘 5.0mm로, 사슬뜨기 2코를 만든 후 첫 번째 사슬코에 바늘을 넣어 1단을 시작하세요.

단수	콧수	뜨는 방법
1	6	짧은뜨기 6코
2	12	늘림코 6번
3	18	(짧은뜨기 1코, 늘림코 1번)×6회
4	24	(짧은뜨기 2코, 늘림코 1번)×6회
5	30	(짧은뜨기 3코, 늘림코 1번)×6회
6	36	(짧은뜨기 4코, 늘림코 1번)×6회
7	42	(짧은뜨기 5코, 늘림코 1번)×6회
8	48	(짧은뜨기 6코, 늘림코 1번)×6회
9	54	(짧은뜨기 7코, 늘림코 1번)×6회
10	60	(짧은뜨기 8코, 늘림코 1번)×6회
11~23	60	증감 없음.
24	54	(짧은뜨기 8코, 줄임코 1번)×6회
25~26	54	증감 없음.
27	48	(짧은뜨기 7코, 줄임코 1번)×6회 빼뜨기 1코로 마무리하고, 실을 자른다. 19단과 20단 사이에 15코의 간격을 두고 나사눈을 끼운다. 머리에 솜을 채우기 시작한다.

몸통

연베이지색 실 2겹과 코바늘 5.0mm로, 사슬뜨기 2코를 만든 후 첫 번째 사슬코에 바늘을 넣어 1단을 시작하세요.

단수	콧수	뜨는 방법
1	6	짧은뜨기 6코
2	12	늘림코 6번
3	18	(짧은뜨기 1코, 늘림코 1번)×6회
4	24	(짧은뜨기 2코, 늘림코 1번)×6회
5	30	(짧은뜨기 3코, 늘림코 1번)×6회
6	36	(짧은뜨기 4코, 늘림코 1번)×6회
7	42	(짧은뜨기 5코, 늘림코 1번)×6회
8	48	(짧은뜨기 6코, 늘림코 1번)×6회
9	54	(짧은뜨기 7코, 늘림코 1번)×6회
10	60	(짧은뜨기 8코, 늘림코 1번)×6회
11	60	증감 없음.

단수	콧수	뜨는 방법
12	66	(짧은뜨기 9코, 늘림코 1번)×6회
13	72	(짧은뜨기 10코, 늘림코 1번)×6회
14~31	72	증감 없음.
32	66	(짧은뜨기 10코, 줄임코 1번)×6회
33	66	증감 없음.
34	60	(짧은뜨기 9코, 줄임코 1번)×6회
35	60	증감 없음.
36	54	(짧은뜨기 8코, 줄임코 1번)×6회
37~40	54	증감 없음.
41	48	(짧은뜨기 7코, 줄임코 1번)×6회 빼뜨기 1코로 마무리하고, 실을 자른다. 몸통에 솜을 채우기 시작한다.

팔

연베이지색 실 2겹과 코바늘 5.0mm로, 사슬뜨기 2코를 만든 후 첫 번째 사슬코에 바늘을 넣어 1단을 시작하세요.

단수	콧수	뜨는 방법
1	6	짧은뜨기 6코
2	12	늘림코 6번
3	18	(짧은뜨기 1코, 늘림코 1번)×6회
4~18	18	증감 없음.
19	12	(짧은뜨기 1코, 줄임코 1번)×6회
20	12	증감 없음. 빼뜨기 1코로 마무리하고 실을 자른다. 같은 방법으로 팔을 1개 더 만든다. 황록색 실로 팔 끝에 수를 놓아 손가락 모양을 살린다.

주둥이

흰색 실과 코바늘 3.0mm로, 사슬뜨기 2코를 만든 후 첫 번째
사슬코에 바늘을 넣어 1단을 시작하세요.

단수	콧수	뜨는 방법
1	6	짧은뜨기 6코
2	12	늘림코 6번
3	12	증감 없음.
4	18	(짧은뜨기 1코, 늘림코 1번)×6회
5	24	(짧은뜨기 2코, 늘림코 1번)×6회
6~7	24	증감 없음. 빼뜨기 1코로 마무리하고 실을 자른다. 검정색 자수실로 주둥이의 중앙에 입술과 코를 수놓는다. ▶사진 a

귀

연베이지색 실 2겹과 코바늘 5.0mm로, 사슬뜨기 2코를 만든
후 첫 번째 사슬코에 바늘을 넣어 1단을 시작하세요.

단수	콧수	뜨는 방법
1	6	짧은뜨기 6코
2	6	증감 없음.
3	12	늘림코 6번
4	12	증감 없음.
5	18	(짧은뜨기 1코, 늘림코 1번)×6회
6~8	18	증감 없음.
9	12	(짧은뜨기 1코, 줄임코 1번)×6회
10	12	증감 없음. 빼뜨기 1코로 마무리하고 실을 자른다. 같은 방법으로 귀를 1개 더 만든다.

발

황록색 실 2겹과 코바늘 5.0mm로, 사슬뜨기 2코를 만든 후 첫
번째 사슬코에 바늘을 넣어 1단을 시작하세요.

단수	콧수	뜨는 방법
1	6	짧은뜨기 6코
2	12	늘림코 6번
3	18	(짧은뜨기 1코, 늘림코 1번)×6회
4~14	18	증감 없음. 발 끝에 솜을 조금 넣는다.
15	9	편물을 납작하게 접는다. 마주보는 두 코에 한꺼번에 바늘을 넣어, 짧은뜨기 1단으로 입구를 막는다. 빼뜨기 1코로 마무리하고 실을 자른다. 같은 방법으로 발을 1개 더 만든다. ▶사진 b

a

b

모자

황록색 실과 코바늘 3.0mm로, 사슬뜨기 2코를 만든 후 첫 번째 사슬코에 바늘을 넣어 1단을 시작하세요. 이 작품에서는 한 길긴뜨기 5코 방울뜨기를 한 후, 항상 다음 코에 바늘을 넣어서 짧은뜨기 1코를 뜹니다(단, 2단에서만 방울뜨기 다음에 사슬뜨기를 뜨세요). 방울뜨기를 할 때에는 코가 앞쪽으로 조금 튀어나오도록 떠서 입체감을 살리세요.

단수	콧수	뜨는 방법
1	6	짧은뜨기 6코
2	12	(방울뜨기 1코, 사슬뜨기 1코)×6회
3	24	늘림코 12번
4	24	(방울뜨기 1코, 짧은뜨기 1코)×12회
5	36	(짧은뜨기 1코, 늘림코 1번)×12회
6	36	(방울뜨기 1코, 짧은뜨기 1코)×18회
7	48	(짧은뜨기 2코, 늘림코 1번)×12회
8	48	(방울뜨기 1코, 짧은뜨기 1코)×24회
9	60	(짧은뜨기 3코, 늘림코 1번)×12회
10	60	(방울뜨기 1코, 짧은뜨기 1코)×30회
11	60	이 단에서 귀 2개를 위한 구멍을 만든다. 사슬뜨기 6코(6코 건너기), (방울뜨기 1코, 짧은뜨기 1코)×5회, 사슬뜨기 6코(6코 건너기), (방울뜨기 1코, 짧은뜨기 1코)×19회 ▶사진 c
12~20	60	(방울뜨기 1코, 짧은뜨기 1코)×30회 빼뜨기 1코로 마무리하고 실을 자른다. ▶사진 d

가방

1 황록색 실과 코바늘 3.0mm로, 사슬뜨기 15코를 뜬 후 왕복으로 평뜨기 하세요. 각 단의 시작은 사슬뜨기 1코로 기둥코를 세워 짧은뜨기 첫코와 높이를 맞추세요. 기둥코로 뜬 사슬코는 콧수로 세지 않아요.

단수	콧수	뜨는 방법
1~16	15	기둥코(사슬코) 1코, 짧은뜨기 15코
17~24	14	기둥코 1코, (방울뜨기 1코, 짧은뜨기 1코)×7회 빼뜨기 1코로 마무리하고 실을 자르지 않는다.

2 이어서 어깨끈을 만들어요. 사슬뜨기 85코를 뜬 후 가방의 반대쪽 끝에 사슬끈을 고정하세요.

3 편물을 안쪽 면끼리 마주보도록 접은 후, 돗바늘로 겉면에서 옆선을 꿰맵니다. ▶사진 e

d

c

e

연결하기

1 돗바늘로 제데옹의 몸통과 머리를 한 코씩 연결하세요. 연결하면서 솜을 더 채우세요. 머리의 21번째 단에 주둥이를 꿰매세요.

2 제데옹 몸통의 끝에서 두 번째 단에 팔을 고정하세요.

3 제데옹 머리의 8번째 단에 귀 2개를 꿰매고 ▶사진 f 모자를 씌우세요.

4 사진 g에서 보이는 것처럼 몸통의 아랫부분에 발을 꿰매세요. ▶사진 g

5 얼굴에 볼터치를 하세요. ▶p.15의 '얼굴 만들기' 참고

✱도움말

머리에 솜을 채우고 몸통과 연결한 후에 제데옹의 머리에 모자를 씌워보세요. 모자의 사이즈는 머리에 솜을 얼마나 넣었느냐에 따라 달라진답니다. 모자가 너무 작다면 추가로 두세 단을 더 뜨세요.

응용하기

큰 제데옹과 세트로 작은 제데옹을 만들고 싶다면 실 1겹과 코바늘 3.0mm을 이용하여 같은 방법으로 떠보세요.

f

g

머리

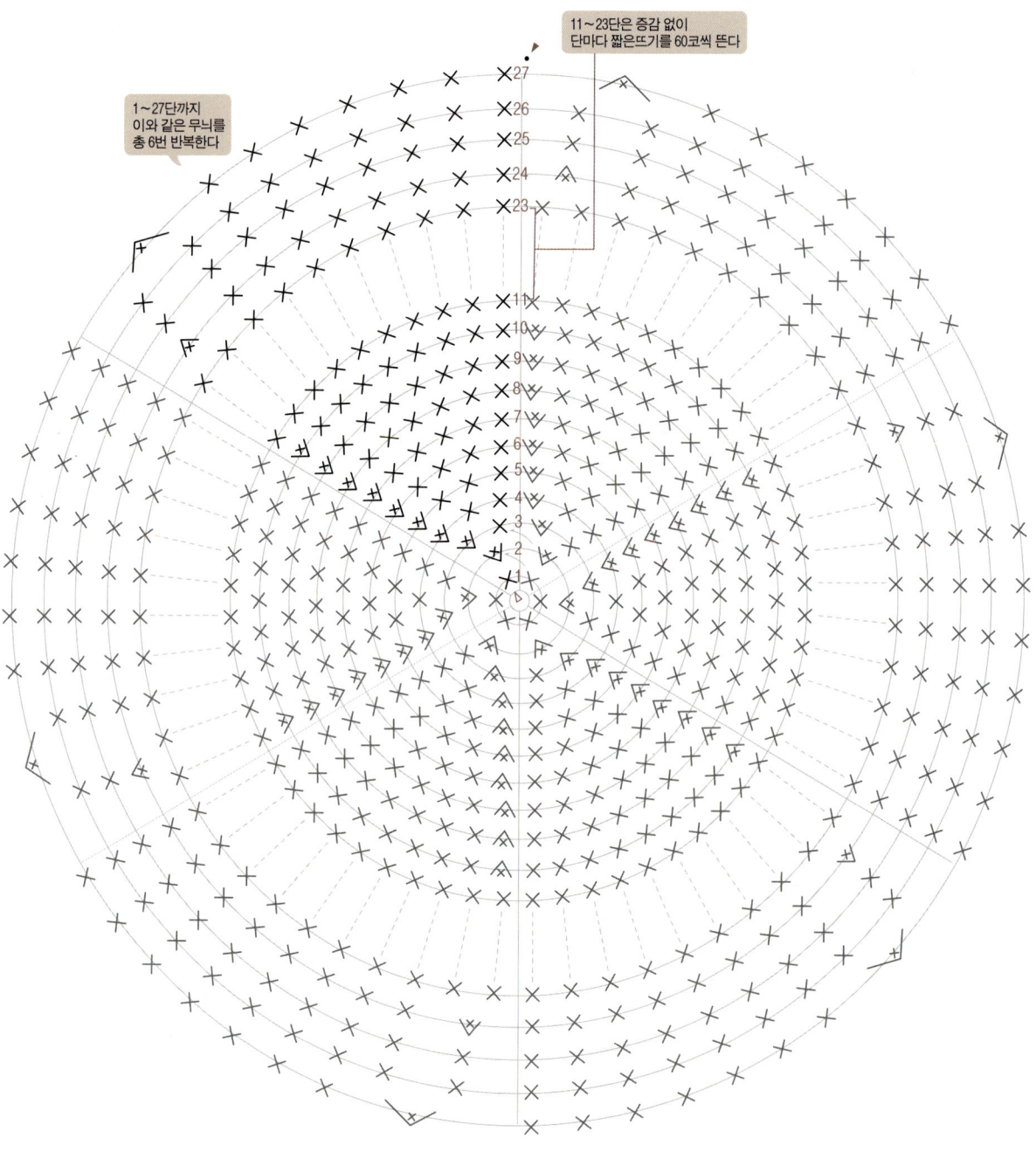

11~23단은 증감 없이
단마다 짧은뜨기를 60코씩 뜬다

1~27단까지
이와 같은 무늬를
총 6번 반복한다

몸통

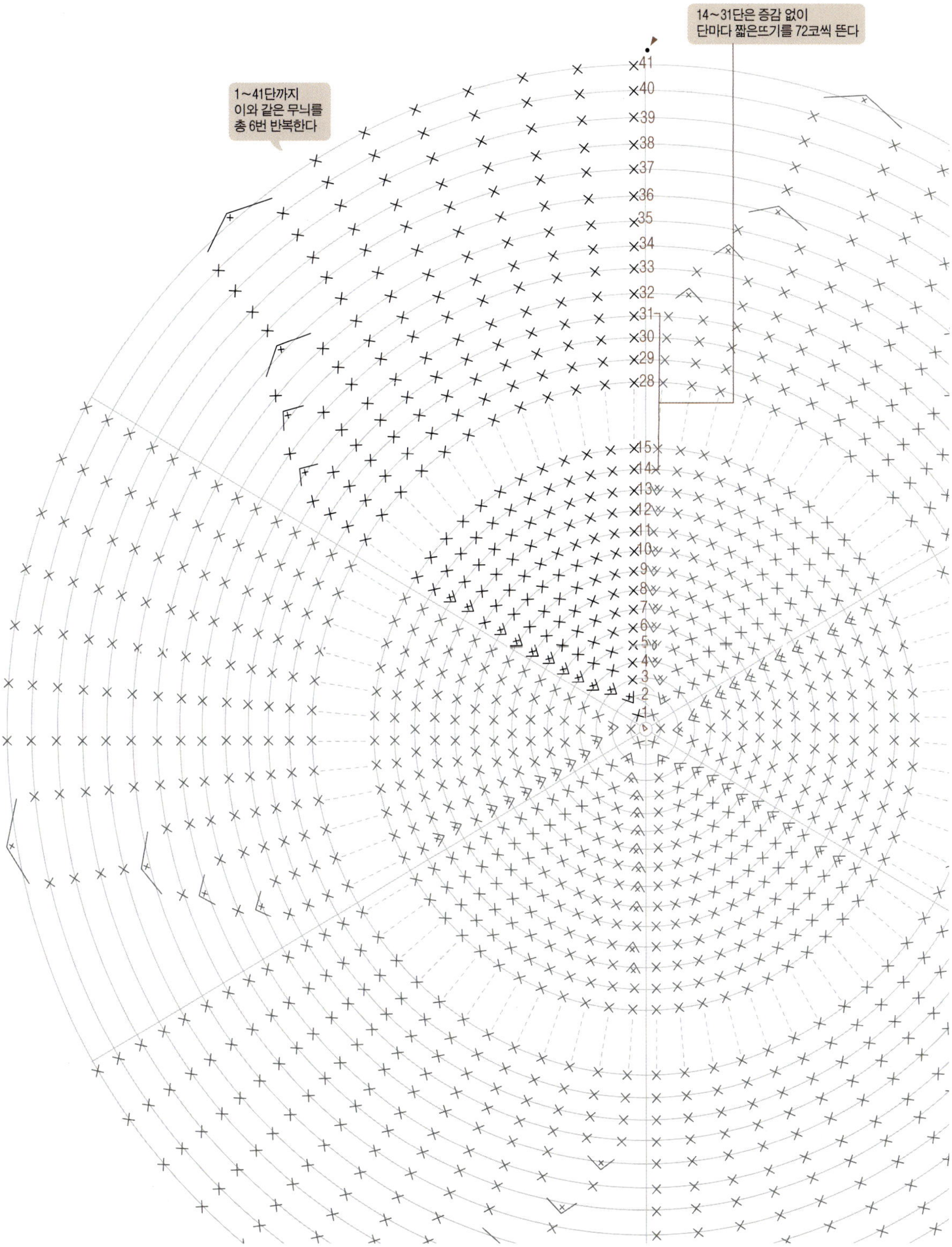

14~31단은 증감 없이
단마다 짧은뜨기를 72코씩 뜬다

1~41단까지
이와 같은 무늬를
총 6번 반복한다

×41
×40
×39
×38
×37
×36
×35
×34
×33
×32
×31
×30
×29
×28

×15
×14
×13
×12
×11
×10
×9
×8
×7
×6
×5
×4
×3
×2

가방

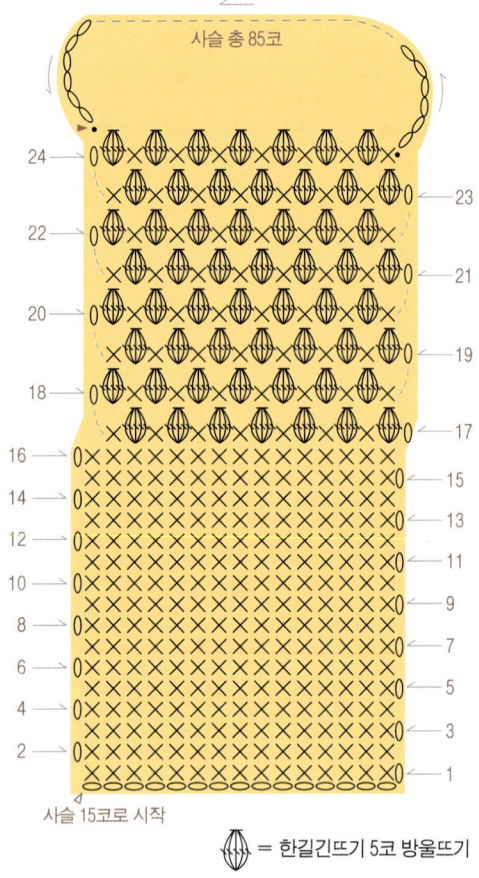

사슬 총 85코

24
22
20
18
16
14
12
10
8
6
4
2

23
21
19
17
15
13
11
9
7
5
3
1

사슬 15코로 시작

⬬ = 한길긴뜨기 5코 방울뜨기

귀-2개

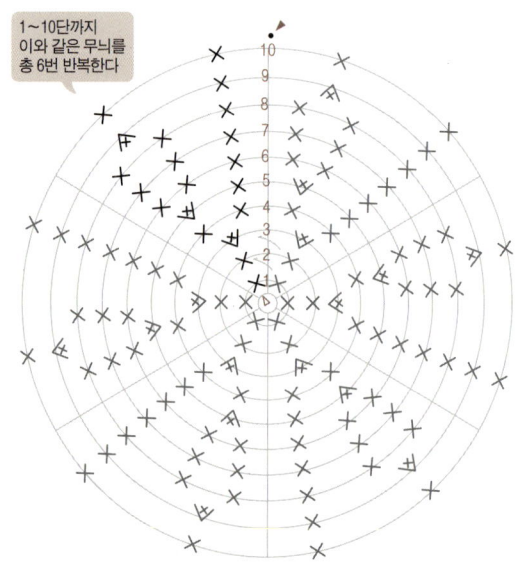

1~10단까지
이와 같은 무늬를
총 6번 반복한다

10
9
8
7
6
5
4
3
2

팔-2개

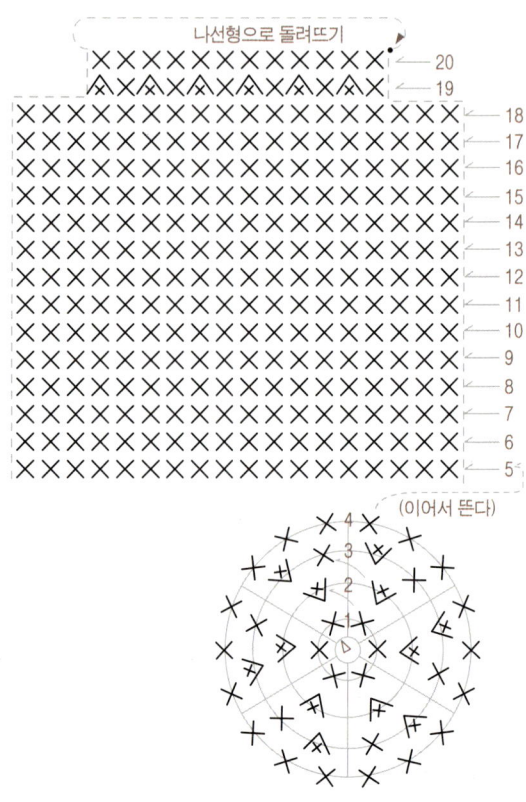

나선형으로 돌려뜨기

20
19
18
17
16
15
14
13
12
11
10
9
8
7
6
5

(이어서 뜬다)

4
3
2
1

주둥이

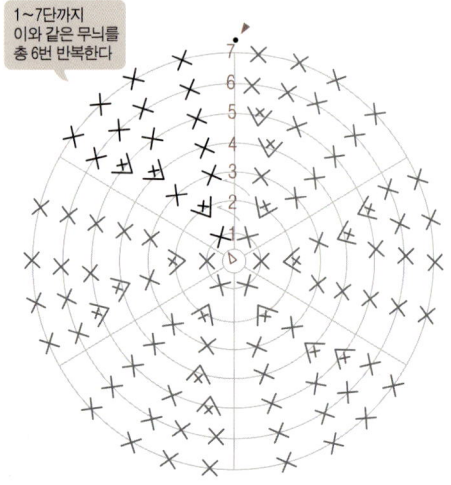

1~7단까지
이와 같은 무늬를
총 6번 반복한다

7
6
5
4
3
2

모자

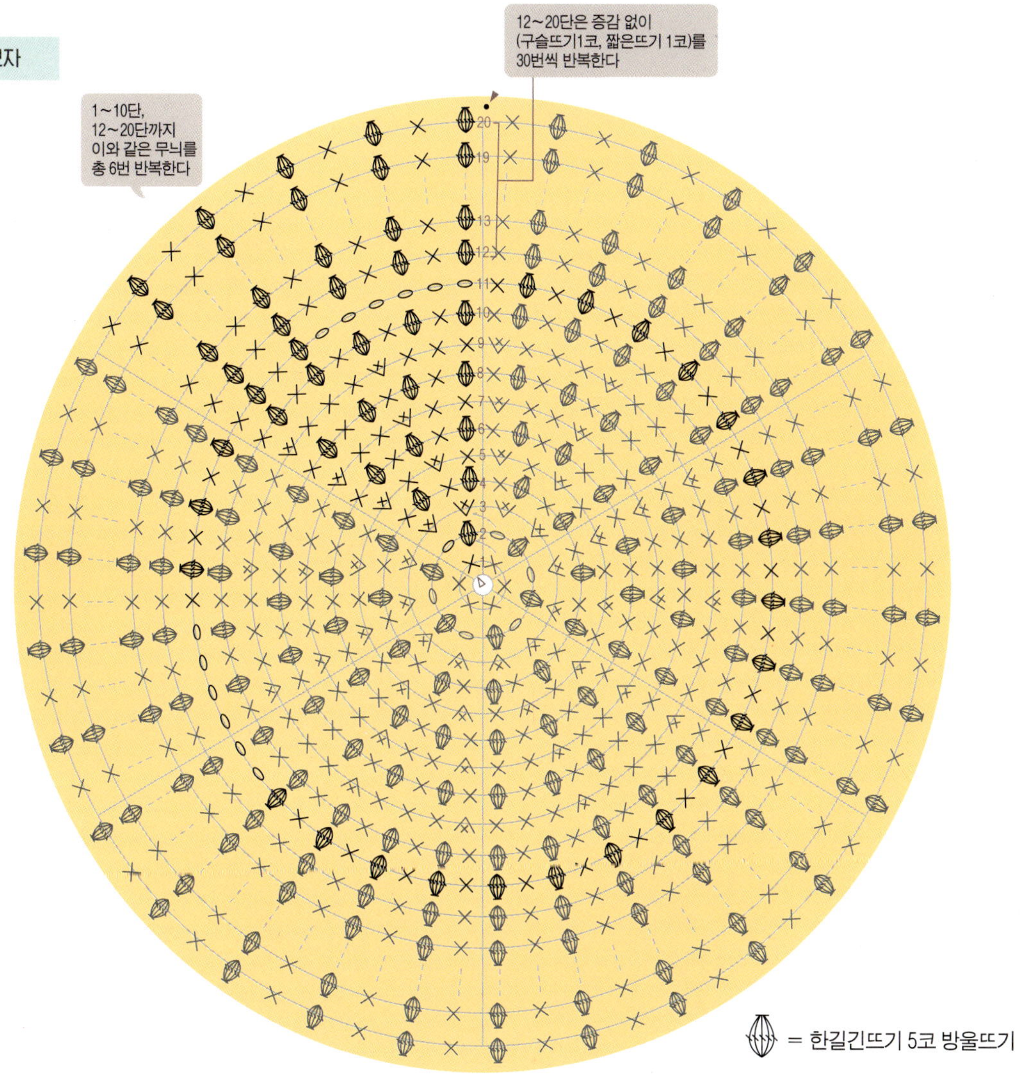

1~10단,
12~20단까지
이와 같은 무늬를
총 6번 반복한다

12~20단은 증감 없이
(구슬뜨기1코, 짧은뜨기 1코)를
30번씩 반복한다

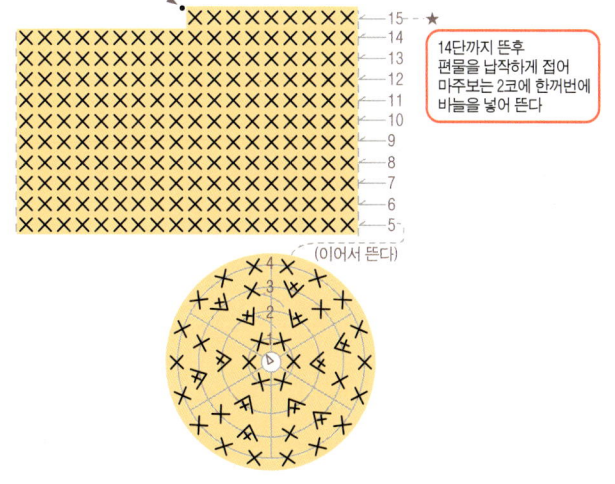

= 한길긴뜨기 5코 방울뜨기

발-2개

14단까지 뜬후
편물을 납작하게 접어
마주보는 2코에 한꺼번에
바늘을 넣어 뜬다

(이어서 뜬다)

LES TROIS COMPÈRES
세 친구들

제 딸의 목걸이와 팔찌들을 한 곳에 걸어두기 위해 이 벽고리를 생각해냈어요.
세 마리의 캐릭터가 옹기종기 모여 있는 모습이에요.
스카프나 작은 에코백, 모자 등을 걸어두기에도 좋아요.

× ×

✖ 재료

【베이지색 캐릭터】 연갈색 면사(DMC사의 Natura Camel 57번) 2볼 •
검정색 면사(DMC사의 Natura Noir 11번) 1볼

【회색 캐릭터】 연회색 면사(DMC사의 Natura Ambar 04번) 2볼 • 은회
색 면사(DMC사의 Natura Gris argent 09번) 1볼

【분홍색 캐릭터】 연분홍색 면사(DMC사의 Natura Rose soraya 32번)
2볼 • 로즈핑크색 면사(DMC사의 Natura Spring rose 07번) 1볼

【공통】 분홍색 펄면사(DMC사의 perlé rose) 1볼 • 흰색 펄면사(DMC
사의 perlé blanc) 1볼 • 황록색 면사(DMC사의 Natura Moss green 75
번) 1볼 • 금색 금속사(DMC사의 Lumina Or L677) 1볼 • 검정색 자수실
코바늘 1.50mm(레이스용 코바늘 2호) • 코바늘 3.5mm(모사용 코바늘
6/0호) • 코바늘 3.0mm(모사용 코바늘 5/0호) • 지름 9mm 검정색 플
라스틱 나사눈 6개

기본 키트(p.9)
벽에 고정할 수 있는 나무판자 20×53cm • 길이 3cm 나사 3개 • 지
름 1.5cm 원형 나무막대 1개 • 나무용 접착본드 • 흰색 페인트 • 직소
기 • 사포 • 전동드릴

✖ 사용한 뜨개기법

사슬뜨기, 짧은뜨기, 빼뜨기

✖ 표 보는 방법

작품은 짧은뜨기로 떠요. '늘림코'는 '짧은뜨기 2코 늘려뜨기'이고, '줄
임코'는 '짧은뜨기 2코 모아뜨기'예요. '증감 없음'은 '코마다
짧은뜨기 1코씩 뜨기'를 뜻해요. 같은 단에서 동일한
뜨기가 반복될 경우 '( )× ○회'로 표시했어요.

몸통

세 개의 몸통을 서로 다른 색 실로 만들어요. [연갈색 실 1겹+
흰색 펄면사 1겹], [연회색 실 1겹+흰색 펄면사 1겹], 그리고
[연분홍색 실 1겹+분홍색 펄면사 1겹]과 코바늘 3.5mm를 사
용합니다. 사슬뜨기 2코를 만든 후 첫 번째 사슬코에 바늘을
넣어 1단을 시작하세요.

단수	콧수	뜨는 방법
1	6	짧은뜨기 6코
2	12	늘림코 6번
3	18	(짧은뜨기 1코, 늘림코 1번)×6회
4	24	(짧은뜨기 2코, 늘림코 1번)×6회
5	30	(짧은뜨기 3코, 늘림코 1번)×6회
6	30	증감 없음.
7	36	(짧은뜨기 4코, 늘림코 1번)×6회
8	36	증감 없음.
9	42	(짧은뜨기 5코, 늘림코 1번)×6회
10~19	42	증감 없음.
20	42	이 단에서 구멍을 2개 만든다. 사슬뜨기 4코(4코 건너기) ▶사진 a, 짧은뜨기 17코, 사슬뜨기 4코(4코 건너기), 짧은뜨기 17코 ▶사진 a, b
21~24	42	증감 없음.
25	21	편물을 납작하게 접는다. 마주보는 두 코에 한꺼번에 바늘을 넣어, 짧은뜨기 1단으로 입구를 막는다. ▶사진 c 빼뜨기 1코로 마무리하고 실을 자른다. 솜은 넣지 않는다.

베이지색 캐릭터

눈

흰색 펄면사와 코바늘 1.50mm로, 사슬뜨기 2코를 만든 후 첫
번째 사슬코에 바늘을 넣어 1단을 시작하세요.

단수	콧수	뜨는 방법
1	6	짧은뜨기 6코
2	12	늘림코 6번
3	18	(짧은뜨기 1코, 늘림코 1번)×6회 빼뜨기 1코로 마무리하고 실을 자른다. 같은 방법으로 눈을 1개 더 만든다.

b

a

c

머리

1 [연갈색 실 1겹+흰색 펄면사 1겹]과 코바늘 3.5mm로 뜨세요. 사슬뜨기 2코를 만든 후 첫 번째 사슬코에 바늘을 넣어 1단을 시작하세요.

단수	콧수	뜨는 방법
1	6	짧은뜨기 6코
2	6	증감 없음.
3	12	늘림코 6번
4	12	증감 없음.
5	18	(짧은뜨기 1코, 늘림코 1번)×6회
6	18	증감 없음.
7	24	(짧은뜨기 2코, 늘림코 1번)×6회
8	24	증감 없음.
9	30	(짧은뜨기 3코, 늘림코 1번)×6회
10	30	증감 없음.
11	36	(짧은뜨기 4코, 늘림코 1번)×6회
12~13	36	증감 없음.
14	42	(짧은뜨기 5코, 늘림코 1번)×6회
15	48	(짧은뜨기 6코, 늘림코 1번)×6회
16	54	(짧은뜨기 7코, 늘림코 1번)×6회
17~20	54	증감 없음.
21	48	(짧은뜨기 7코, 줄임코 1번)×6회 흰색 눈의 중앙에 플라스틱 나사눈을 놓고, 머리 12단과 13단 사이에 11코의 간격을 두고 나사눈을 끼운다.
22	48	증감 없음.
23	42	(짧은뜨기 6코, 줄임코 1번)×6회
24	36	(짧은뜨기 5코, 줄임코 1번)×6회 솜을 채우기 시작한다.
25	30	(짧은뜨기 4코, 줄임코 1번)×6회
26	24	(짧은뜨기 3코, 줄임코 1번)×6회
27	18	(짧은뜨기 2코, 줄임코 1번)×6회
28	12	(짧은뜨기 1코, 줄임코 1번)×6회 솜을 완전히 채운다.
29	6	줄임코 6번
30	3	줄임코 3번 빼뜨기 1코로 마무리하고 실을 자른다.

2 얼굴에 볼터치를 하세요. ▶p.15의 '얼굴 만들기' 참고

주둥이

1 흰색 펄면사와 코바늘 1.50mm로, 사슬뜨기 2코를 만든 후 첫 번째 사슬코에 바늘을 넣어 1단을 시작하세요.

단수	콧수	뜨는 방법
1	6	짧은뜨기 6코
2	12	늘림코 6번
3	18	(짧은뜨기 1코, 늘림코 1번)×6회 빼뜨기 1코로 마무리하고 실을 자른다.

2 검정색 자수실로 주둥이에 코를 수놓고, 머리에 주둥이를 꿰매세요.

귀

[검정색 실 1겹+분홍색 펄면사 1겹]과 코바늘 3.5mm로, 사슬뜨기 2코를 만든 후 첫 번째 사슬코에 바늘을 넣어 1단을 시작하세요.

단수	콧수	뜨는 방법
1	6	짧은뜨기 6코
2	6	증감 없음.
3	12	늘림코 6번
4	12	증감 없음.
5	18	(짧은뜨기 1코, 늘림코 1번)×6회
6~9	18	증감 없음.
10	12	(짧은뜨기 1코, 줄임코 1번)×6회
11	12	증감 없음.
12	6	줄임코 6번
13	6	증감 없음. 빼뜨기 1코로 마무리하고 실을 자른다. 같은 방법으로 귀를 1개 더 만든다. ▶사진 d

d

회색 캐릭터

머리

1 [연회색 실 1겹+흰색 펄면사 1겹]과 코바늘 3.5mm로, 사슬뜨기 2코를 만든 후 첫 번째 사슬코에 바늘을 넣어 1단을 시작하세요.

단수	콧수	뜨는 방법
1	6	짧은뜨기 6코
2	12	늘림코 6번
3	18	(짧은뜨기 1코, 늘림코 1번)×6회
4	24	(짧은뜨기 2코, 늘림코 1번)×6회
5	30	(짧은뜨기 3코, 늘림코 1번)×6회
6	36	(짧은뜨기 4코, 늘림코 1번)×6회
7	36	증감 없음.
8	42	(짧은뜨기 5코, 늘림코 1번)×6회
9	48	(짧은뜨기 6코, 늘림코 1번)×6회
10	54	(짧은뜨기 7코, 늘림코 1번)×6회
11	60	(짧은뜨기 8코, 늘림코 1번)×6회
12	66	(짧은뜨기 9코, 늘림코 1번)×6회
13~15	66	증감 없음.
16	60	(짧은뜨기 9코, 줄임코 1번)×6회
17	54	(짧은뜨기 8코, 줄임코 1번)×6회
18	54	증감 없음.
19	48	(짧은뜨기 7코, 줄임코 1번)×6회
20	48	증감 없음.
21	42	(짧은뜨기 6코, 줄임코 1번)×6회
22	36	(짧은뜨기 5코, 줄임코 1번)×6회
23	30	(짧은뜨기 4코, 줄임코 1번)×6회 8단과 9단 사이에 11코의 간격을 두고 나사눈을 끼운다. 솜을 채우기 시작한다.
24	24	(짧은뜨기 3코, 줄임코 1번)×6회
25	18	(짧은뜨기 2코, 줄임코 1번)×6회
26	12	(짧은뜨기 1코, 줄임코 1번)×6회 솜을 완전히 채운다.
27	6	줄임코 6번
28	3	줄임코 3번 빼뜨기 1코로 마무리하고 실을 자른다. ▶사진 e

2 얼굴에 볼터치를 하세요. ▶p.15의 '얼굴 만들기' 참고

주둥이

1 은회색 면사와 코바늘 3.0mm로, 사슬뜨기 5코를 뜨고 편물을 돌린 후 기둥코(사슬코) 1코를 뜨세요. 이 사슬끈의 위아래로 돌려가며 원형으로 뜹니다.

단수	콧수	뜨는 방법
1	13	짧은뜨기 4코, (마지막 사슬코에 바늘 넣어) 짧은뜨기 3코 늘려뜨기 짧은뜨기 3코, 짧은뜨기 3코 늘려뜨기
2	17	짧은뜨기 5코, 늘림코 2번, 짧은뜨기 4코, 늘림코 2번
3~4	17	증감 없음. 빼뜨기 1코로 마무리하고 실을 자른다. ▶사진 e

2 머리에 주둥이를 꿰매세요.

귀

[연회색 실 1겹+흰색 펄면사 1겹]과 코바늘 3.5mm로, 사슬뜨기 2코를 만든 후 첫 번째 사슬코에 바늘을 넣어 1단을 시작하세요.

단수	콧수	뜨는 방법
1	6	짧은뜨기 6코
2	12	늘림코 6번
3	18	(짧은뜨기 1코, 늘림코 1번)×6회
4~11	18	증감 없음. 빼뜨기 1코로 마무리하고 실을 자른다. 같은 방법으로 귀를 1개 더 만든다. 귀에는 솜을 넣지 않는다. ▶사진 e

e

분홍색 캐릭터

머리

1 [연분홍색 실 1겹+분홍색 펄면사 1겹]과 코바늘 3.5mm로, 사슬뜨기 2코를 만든 후 첫 번째 사슬코에 바늘을 넣어 1단을 시작하세요.

단수	콧수	뜨는 방법
1	6	짧은뜨기 6코
2	12	늘림코 6번
3	18	(짧은뜨기 1코, 늘림코 1번)×6회
4	18	증감 없음.
5	24	(짧은뜨기 2코, 늘림코 1번)×6회
6	24	증감 없음.
7	30	(짧은뜨기 3코, 늘림코 1번)×6회
8	36	(짧은뜨기 4코, 늘림코 1번)×6회
9	36	증감 없음.
10	42	(짧은뜨기 5코, 늘림코 1번)×6회
11	42	증감 없음.
12	48	(짧은뜨기 6코, 늘림코 1번)×6회
13	54	(짧은뜨기 7코, 늘림코 1번)×6회
14	60	(짧은뜨기 8코, 늘림코 1번)×6회
15	66	(짧은뜨기 9코, 늘림코 1번)×6회
16	66	증감 없음.
17	60	(짧은뜨기 9코, 줄임코 1번)×6회
18	54	(짧은뜨기 8코, 줄임코 1번)×6회
19	48	(짧은뜨기 7코, 줄임코 1번)×6회
20	42	(짧은뜨기 6코, 줄임코 1번)×6회
21	36	(짧은뜨기 5코, 줄임코 1번)×6회
22	30	(짧은뜨기 4코, 줄임코 1번)×6회 10단과 11단 사이에 13코의 간격을 두고 나사눈을 끼운다. 머리에 솜을 채우기 시작한다.
23	24	(짧은뜨기 3코, 줄임코 1번)×6회
24	18	(짧은뜨기 2코, 줄임코 1번)×6회
25	12	(짧은뜨기 1코, 줄임코 1번)×6회 솜을 완전히 채운다.
26	6	줄임코 6번
27	3	줄임코 3번 빼뜨기 1코로 마무리하고, 실을 자른다.

2 검정색 자수실로 코를 수놓으세요.

3 얼굴에 볼터치를 하세요. ▶ p.15의 '얼굴 만들기' 참고

귀

[연분홍색 실 1겹+분홍색 펄면사 1겹]과 코바늘 3.5mm로, 사슬뜨기 2코를 만든 후 첫 번째 사슬코에 바늘을 넣어 1단을 시작하세요.

단수	콧수	뜨는 방법
1	6	짧은뜨기 6코
2	6	증감 없음.
3	12	늘림코 6번
4	12	증감 없음.
5	18	(짧은뜨기 1코, 늘림코 1번)×6회
6	18	증감 없음. 빼뜨기 1코로 마무리하고 실을 자른다. 같은 방법으로 귀를 1개 더 만든다. 귀에는 솜을 넣지 않는다. ▶ 사진 f

나비넥타이를 3개 만들어요

[황록색 면사 1겹+금색 금속사 1겹]으로 p.81에 있는 제불론의 나비넥타이 만드는 방법대로 만들어 인형에 꿰맵니다.

f

받침대

1 직소(전동톱) 등을 이용하여 나무판자를 원하는 크기로 자릅니다. 판자의 가장자리는 살짝 사포질해요. 원형 나무막대를 5cm 길이로 잘라 3개를 준비하세요. 그 다음 나무판자 뒷면에 나사를 박아 나사 끝이 앞면으로 뚫고 나오게 하세요. 잘라 놓은 나무막대의 중앙에 드릴비트로 나사가 들어갈 구멍을 뚫습니다. ▶사진 g

2 나무막대를 나사에 돌려 끼웁니다. ▶사진 h

3 나무에 흰색이나 원하는 색상의 페인트를 칠해 마무리합니다.

✖도움말
원형 나무막대도 살짝 사포질하면 깔끔하게 마감할 수 있어요.

연결하기

1 돗바늘을 이용하여 머리에 귀를 꿰매세요.

2 각 캐릭터의 몸통에 머리를 단단하게 고정하세요. ▶사진 i

3 인형의 몸통에 있는 구멍으로 원형 나무막대가 나올 수 있도록 위치를 잡으세요. 몸통과 머리의 뒷면에 나무용 접착 본드를 칠하고 나무 패널에 붙여요.

4 나무 패널의 뒷면에 원하는 방식대로 벽걸이 고정 장치를 달아요.

✖도움말
나무판자에 붙은 나무막대 덕분에 인형의 몸통이 잘 고정될 거예요. 혹시 나무용 본드로 머리를 똑바로 고정할 수 없다면, 나무판자의 머리 위치에 작은 구멍 2개를 뚫은 후 가는 철사나 털실을 통과시켜 머리를 고정해보세요.

g

h

i

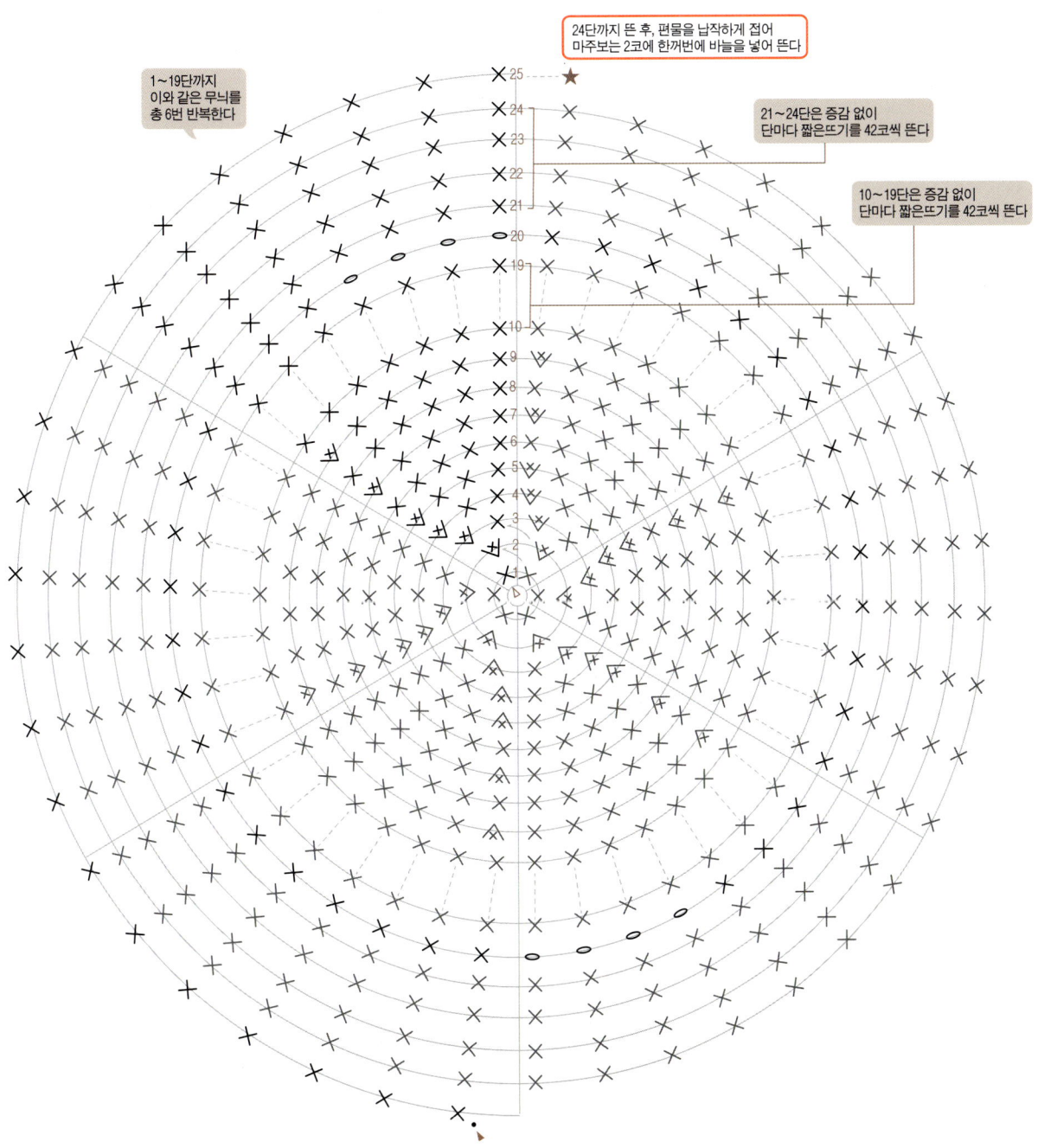

24단까지 뜬 후, 편물을 납작하게 접어
마주보는 2코에 한꺼번에 바늘을 넣어 뜬다

1~19단까지
이와 같은 무늬를
총 6번 반복한다

21~24단은 증감 없이
단마다 짧은뜨기를 42코씩 뜬다

10~19단은 증감 없이
단마다 짧은뜨기를 42코씩 뜬다

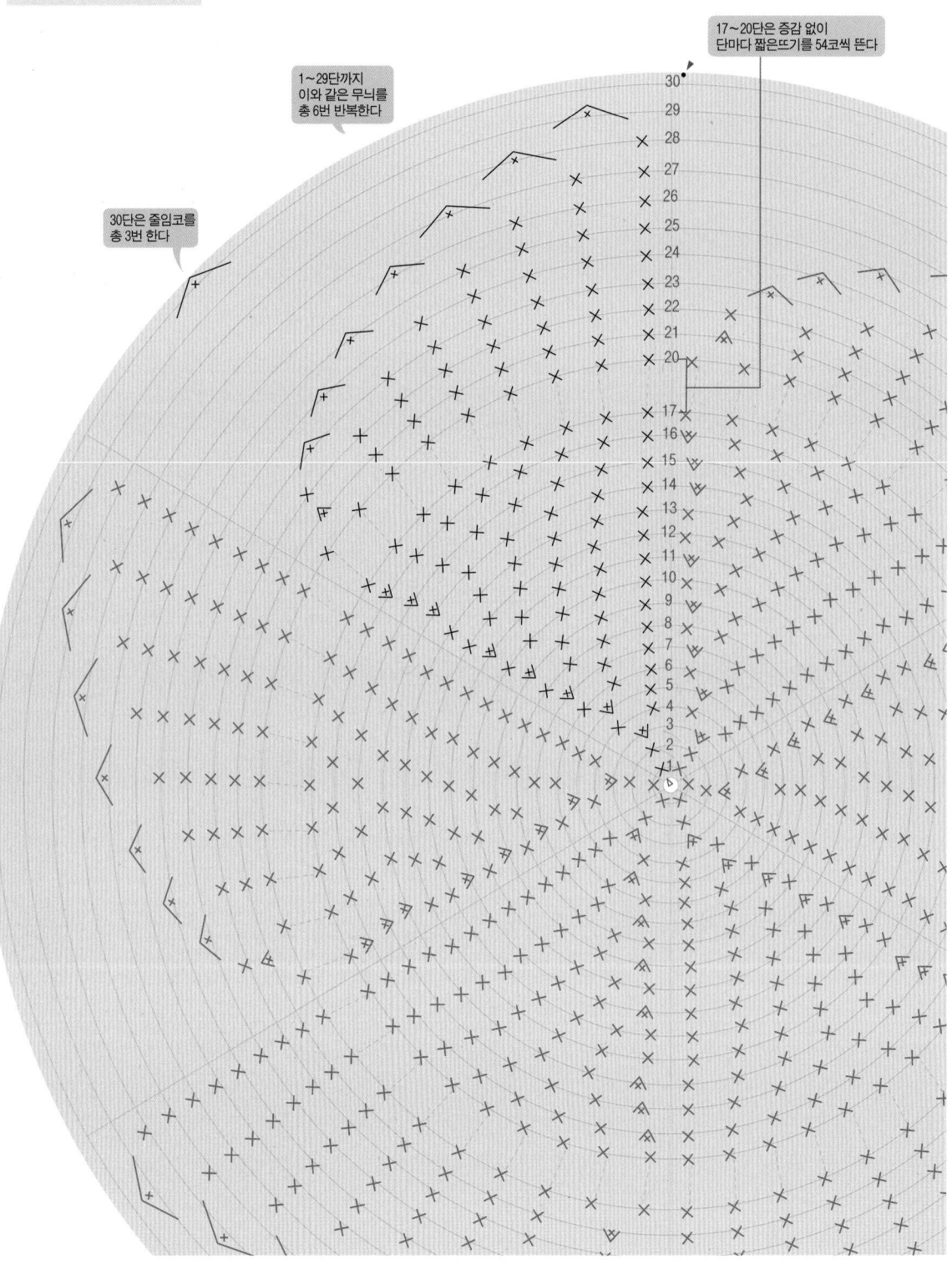

베이지색 캐릭터 머리

17~20단은 증감 없이
단마다 짧은뜨기를 54코씩 뜬다

1~29단까지
이와 같은 무늬를
총 6번 반복한다

30단은 줄임코를
총 3번 한다

베이지색 캐릭터 귀-2개

1~13단까지
이와 같은 무늬를
총 6번 반복한다

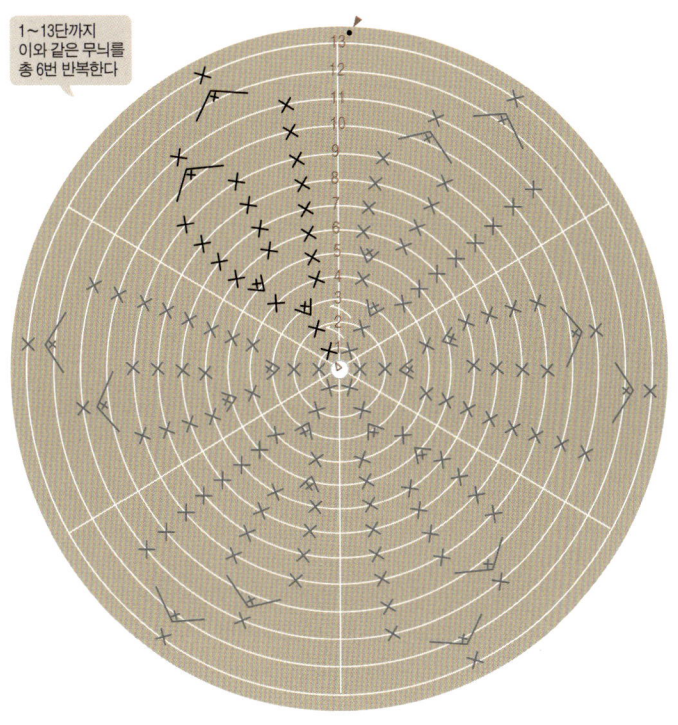

베이지색 캐릭터 눈-2개

베이지색 캐릭터 주둥이

회색 캐릭터 귀-2개

1~11단까지
이와 같은 무늬를
총 6번 반복한다

4~11단은 증감 없이
단마다 짧은뜨기를 18코씩 뜬다

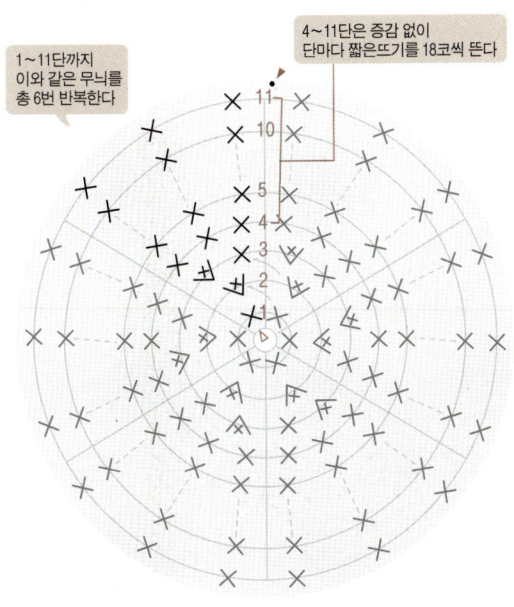

회색 캐릭터 주둥이

사슬
5코로
시작

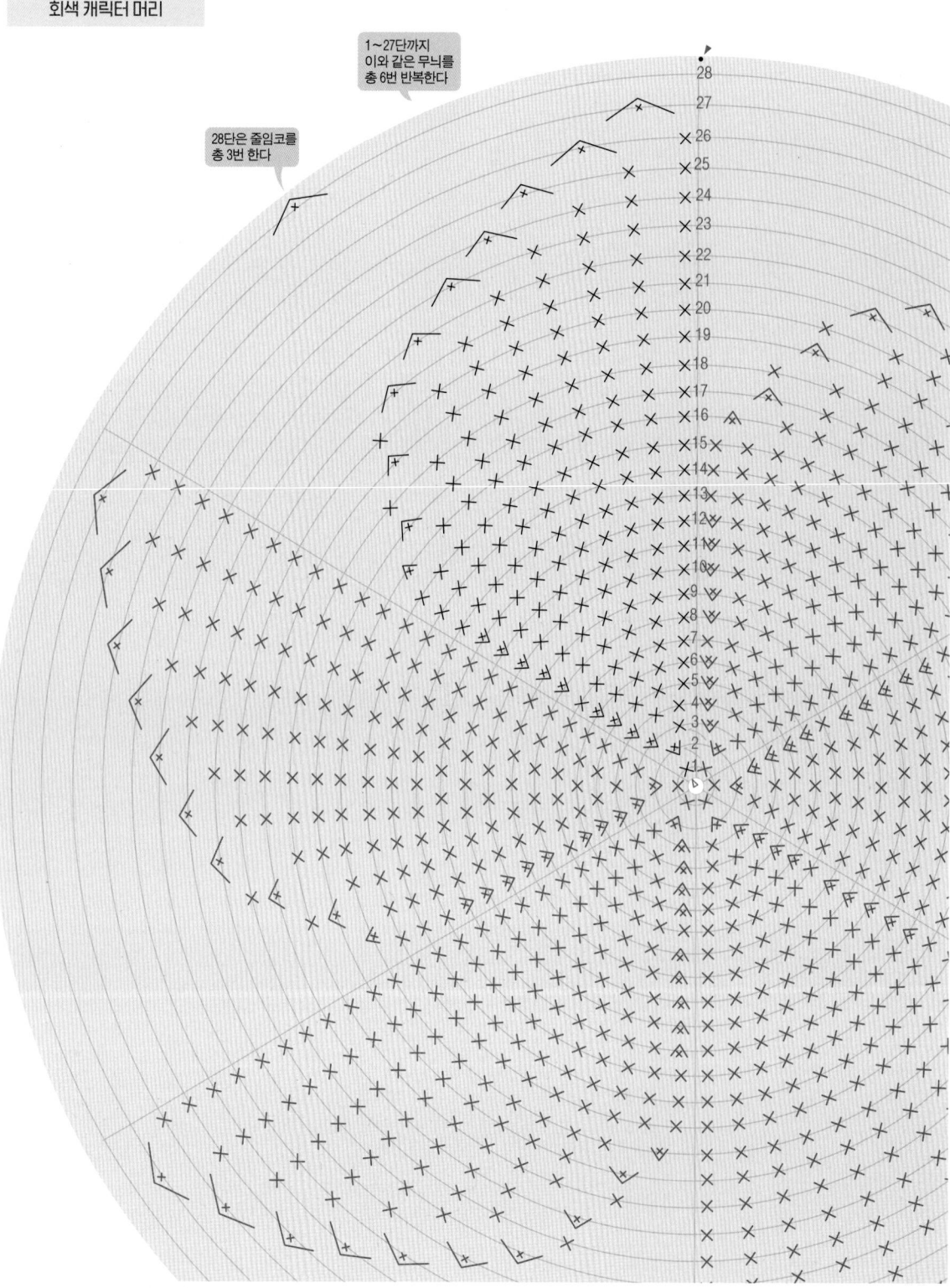

1~27단까지
이와 같은 무늬를
총 6번 반복한다

28단은 줄임코를
총 3번 한다

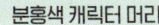

분홍색 캐릭터 머리

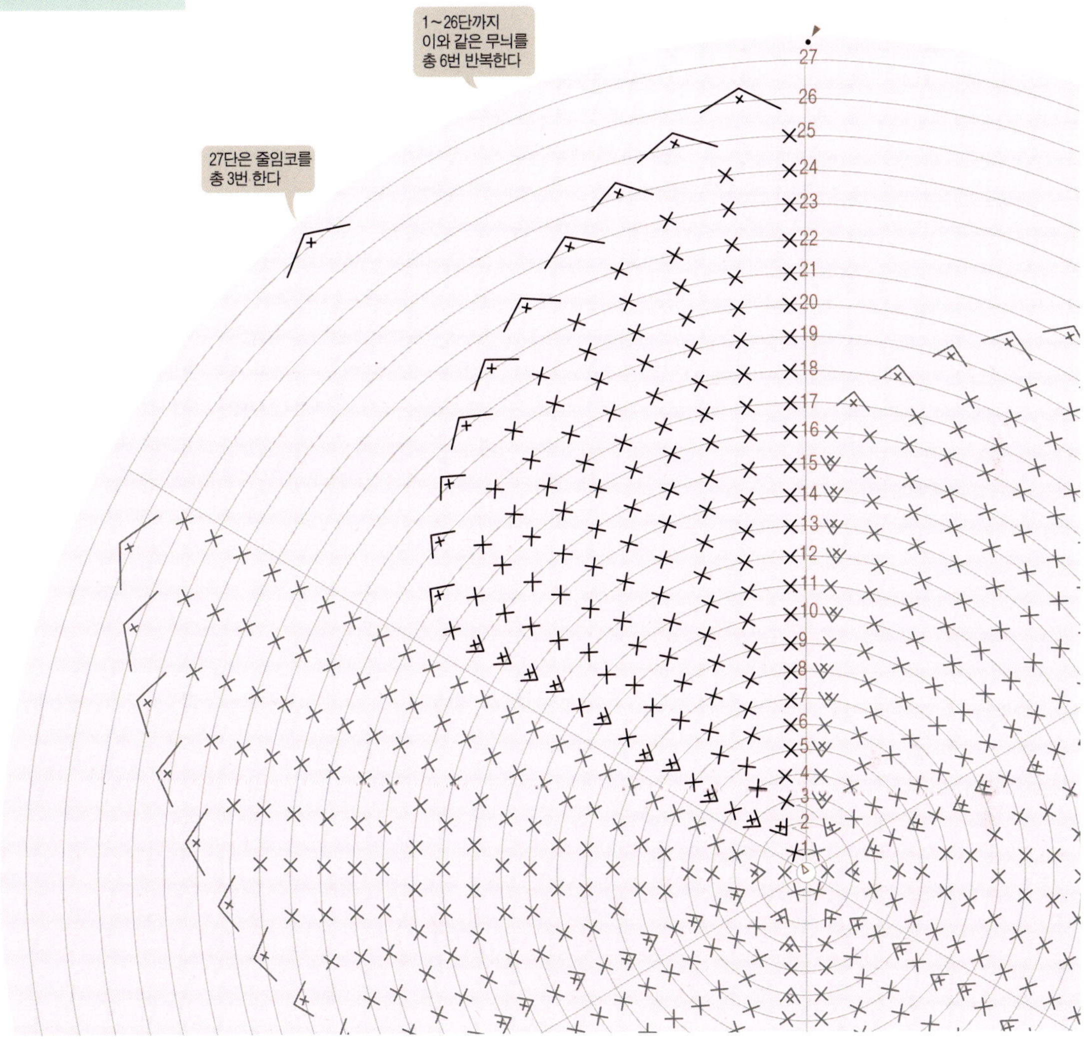

1~26단까지
이와 같은 무늬를
총 6번 반복한다
27단은 줄임코를
총 3번 한다
27
26
25
24
23
22
21
20
19
18
17
16
15
14
13
12
11
10
9
8
7
6
5
4
3
2
1

분홍색 캐릭터 귀-2개

6
5
4
3
2
1

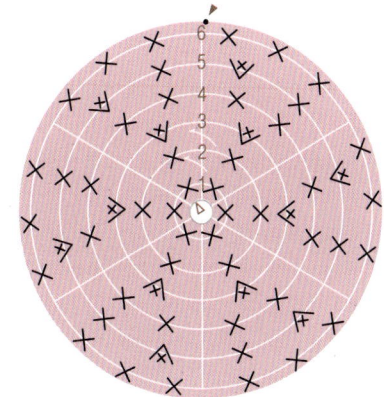

ARSÈNE
아르센

제 아들은 '아르센'이 강아지 같대요. 반면 제 딸들은 토끼 같다고 해요.
무엇이든 상관없어요. 가끔 이렇게 어떤 동물인지
알 수 없는 캐릭터를 만드는 것이 저는 좋거든요.
이 인형은 아이들이 더욱 많은 상상을 할 수 있도록 해준답니다.

✖✖✖✖✖✖✖✖✖✖✖✖✖✖✖✖✖✖✖✖✖✖✖✖✖✖✖✖✖✖✖✖✖✖✖✖✖✖✖

✖재료
연회색 면사(DMC사의 Natura Ambar 04번) 1볼
겨자색 면사(DMC사의 Natura Curry 74번) 1볼
은회색 면사(DMC사의 Natura Gris argent 09번) 1볼
주황색 면사(DMC사의 Natura Safran 47번) 1볼
연두색 면사(DMC사의 Natura Chartreuse 48번) 1볼
흰색 펄면사(DMC사의 perlé blanc) 1볼
코바늘 3.0mm(모사용 코바늘 5/0호)
코바늘 1.50mm(레이스용 코바늘 2호)
검정색 자수실
흰색 자수실
지름 6mm 검정색 플라스틱 나사눈 2개
기본 키트(p.9)

✖사용한 뜨개기법
사슬뜨기, 짧은뜨기, 빼뜨기

✖표 보는 방법
작품은 짧은뜨기로 떠요. '늘림코'는 '짧은뜨기 2코 늘려뜨기'이고, '줄임코'는 '짧은뜨기 2코 모아
뜨기'예요. '증감 없음'은 '코마다 짧은뜨기 1코씩 뜨기'를 뜻해요. 같은 단에서 동일한 뜨기가 반
복될 경우 '( )×○회'로 표시했어요.

눈

흰색 펄면사와 코바늘 1.50mm로, 사슬뜨기 2코를 만든 후 첫
번째 사슬코에 바늘을 넣어 1단을 시작하세요.

단수	콧수	뜨는 방법
1	6	짧은뜨기 6코
2	12	늘림코 6번
3	18	(짧은뜨기 1코, 늘림코 1번)×6회 빼뜨기 1코로 마무리하고, 실을 자른다. 같은 방법으로 눈을 1개 더 만든다.

머리

1 연회색 실과 코바늘 3.0mm로, 사슬뜨기 2코를 만든 후 첫
번째 사슬코에 바늘을 넣어 1단을 시작하세요.

단수	콧수	뜨는 방법
1	6	짧은뜨기 6코
2	6	증감 없음.
3	12	늘림코 6번
4	12	증감 없음.
5	18	(짧은뜨기 1코, 늘림코 1번)×6회
6	18	증감 없음.
7	24	(짧은뜨기 2코, 늘림코 1번)×6회
8	24	증감 없음.
9	30	(짧은뜨기 3코, 늘림코 1번)×6회
10	30	증감 없음.
11	36	(짧은뜨기 4코, 늘림코 1번)×6회
12	42	(짧은뜨기 5코, 늘림코 1번)×6회

단수	콧수	뜨는 방법
13	48	(짧은뜨기 6코, 늘림코 1번)×6회
14~15	48	증감 없음.
16	54	(짧은뜨기 7코, 늘림코 1번)×6회
17~22	54	증감 없음.
23	48	(짧은뜨기 7코, 줄임코 1번)×6회
24	42	(짧은뜨기 6코, 줄임코 1번)×6회
25	36	(짧은뜨기 5코, 줄임코 1번)×6회 머리에 솜을 채우기 시작한다. 흰색 눈의 중앙에 플라스틱 나사눈을 놓고, 13단과 14단 사이에 14코의 간격을 두고 나사눈을 끼운다.
26	30	(짧은뜨기 4코, 줄임코 1번)×6회
27	24	(짧은뜨기 3코, 줄임코 1번)×6회
28	18	(짧은뜨기 2코, 줄임코 1번)×6회
29	12	(짧은뜨기 1코, 줄임코 1번)×6회 솜을 완전히 채운다.
30	6	줄임코 6번
31	3	줄임코 3번 빼뜨기 1코로 마무리하고, 실을 자른다.

2 머리의 첫 번째 단에 검정색 자수실로 코와 입을 수놓으세
요. ▶사진 a

3 얼굴에 볼터치를 하세요. ▶p.15의 '얼굴 만들기' 참고

a

b

풀오버 몸판

겨자색 실과 코바늘 3.0mm로 사슬뜨기 18코를 만든 후, 첫코에 빼뜨기하여 원형고리를 만드세요.

단수	콧수	뜨는 방법
1~2	18	짧은뜨기 18코씩
3	24	(짧은뜨기 2코, 늘림코 1번)×6회
4	30	(짧은뜨기 3코, 늘림코 1번)×6회
5	36	(짧은뜨기 4코, 늘림코 1번)×6회
6	42	(짧은뜨기 5코, 늘림코 1번)×6회
7	48	(짧은뜨기 6코, 늘림코 1번)×6회
8	54	(짧은뜨기 7코, 늘림코 1번)×6회
9	60	(짧은뜨기 8코, 늘림코 1번)×6회 ▶사진 b
10	40 (건너뛴 코 제외)	가장자리를 맞춰 편물을 반으로 접는다. 10코 건너기(첫 번째 소매를 만들 자리). 짧은뜨기 20코, 10코 건너기(두 번째 소매를 만들 자리). 짧은뜨기 20코
11~31	40	증감 없음. 빼뜨기 1코로 마무리하고, 실을 자른다. 몸판에 솜을 채운다.

풀오버 소매

겨자색 실과 코바늘 3.0mm로 뜹니다. 풀오버 몸판의 진동둘레(몸판 11단에 건너뛴 코)에 실을 거세요.

단수	콧수	뜨는 방법
1~24	10	짧은뜨기 10코씩 빼뜨기 1코로 마무리하고, 실을 자른다. 같은 방법으로 소매를 1개 더 만든다. 소매에는 솜을 넣지 않는다. ▶사진 c

손

연회색 실과 코바늘 3.0mm로, 사슬뜨기 2코를 만든 후 첫 번째 사슬코에 바늘을 넣어 1단을 시작하세요.

단수	콧수	뜨는 방법
1~7	6	짧은뜨기 6코씩 빼뜨기 1코로 마무리하고, 실을 자른다. 같은 방법으로 손을 1개 더 만든다. 손에는 솜을 넣지 않는다.

C

다리

은회색 실과 코바늘 3.0mm로, 사슬뜨기 2코를 만든 후 첫 번째 사슬코에 바늘을 넣어 1단을 시작하세요.

단수	콧수	뜨는 방법
1	6	짧은뜨기 6코
2	12	늘림코 6번
3	18	(짧은뜨기 1코, 늘림코 1번)×6회
4~36	18	증감 없음. 빼뜨기 1코로 마무리하고, 실을 자른다. 같은 방법으로 두 번째 다리를 만들고, 실을 자르지 않는다.
37	36 (18+18)	두 번째 다리에 코바늘을 꽂은 채, 첫 번째 다리의 첫 번째 코에 코바늘을 꽂는다. 첫 번째 다리에 짧은뜨기 18코를 뜨고, 바로 이어 두 번째 다리에 짧은뜨기 18코를 뜬다. 계속하여 원형으로 돌려뜬다. ▶사진 d
38~43	36	증감 없음. 빼뜨기 1코로 마무리하고, 실을 자른다. 다리에 솜을 채운다.

귀

연회색 실과 코바늘 3.0mm로, 사슬뜨기 2코를 만든 후 첫 번째 사슬코에 바늘을 넣어 1단을 시작하세요.

단수	콧수	뜨는 방법
1	6	짧은뜨기 6코
2	6	증감 없음.
3	12	늘림코 6번
4~7	12	증감 없음.
8	18	(짧은뜨기 1코, 늘림코 1번)×6회
9~13	18	증감 없음.
14	12	(짧은뜨기 1코, 줄임코 1번)×6회
15~17	12	증감 없음.
18	6	줄임코 6번
19	6	증감 없음. 빼뜨기 1코로 마무리하고, 실을 자른다. 같은 방법으로 귀를 1개 더 만든다. 귀에는 솜을 넣지 않는다.

부츠

겨자색 실과 코바늘 3.0mm로, 사슬뜨기 2코를 만든 후 첫 번째 사슬코에 바늘을 넣어 1단을 시작하세요.

단수	콧수	뜨는 방법
1	6	짧은뜨기 6코
2	12	늘림코 6번
3	18	(짧은뜨기 1코, 늘림코 1번)×6회
4	20	짧은뜨기 6코, 늘림코 1번, 짧은뜨기 6코, 늘림코 1번, 짧은뜨기 4코
5	13	짧은뜨기 13코, 편물을 뒤로 돌린다.
6~10	13	기둥코(사슬코) 1코, 짧은뜨기 13코를 뜬 후 편물을 뒤로 돌린다. 마지막 단을 반으로 접어 뒤꿈치를 만들고, 돗바늘로 마주보는 2코를 함께 꿰매어 뒤꿈치를 막는다.
11~19	20	발목둘레에 짧은뜨기 20코씩 돌려뜬다. ▶사진 e 빼뜨기 1코로 마무리하고, 실을 자른다. 같은 방법으로 부츠를 1개 더 만든다.

d

✕

당근

1 당근 뿌리: 주황색 실과 코바늘 3.0mm로, 사슬뜨기 2코를 만든 후 첫 번째 사슬코에 바늘을 넣어 1단을 시작하세요.

단수	콧수	뜨는 방법
1	6	짧은뜨기 6코
2	6	증감 없음.
3	7	늘림코 1코, 짧은뜨기 5코
4	8	늘림코 1코, 짧은뜨기 6코
5~7	8	증감 없음.
8	9	늘림코 1코, 짧은뜨기 7코
9	10	늘림코 1코, 짧은뜨기 8코
10	12	늘림코 1코, 짧은뜨기 8코, 늘림코 1코
11~12	12	증감 없음.
13	6	줄임코 6번
14	3	줄임코 3번 빼뜨기 1코로 마무리하고, 실을 자른다. ▶사진 f 같은 방법으로 당근을 2개 더 만든다.

2 당근 잎: 연두색 실과 코바늘 3.0mm로 사슬뜨기 6코를 뜬 후 실을 길게 남기고 자른 다음, 돗바늘에 실을 끼워 잎을 따라 실을 숨겨주세요. 같은 방법으로 당근 잎을 5개 더 만드세요.

e

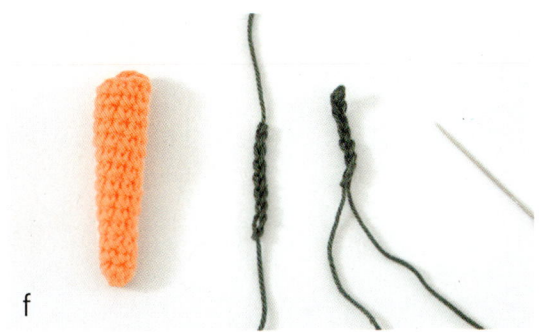

f

연결하기

1 연결할 조각들을 모으세요. 겨자색 실로 풀오버의 안쪽에 다리를 꿰매세요. 풀오버 몸판의 끝에서 두 번째 단에, 봉제선이 밖에서 보이지 않도록 공그르기로 꿰매요. ▶사진 g 풀오버 위에 흰색 자수실로 작은 모티브를 수놓으세요.

2 풀오버의 몸통에 머리를 고정하세요.

3 머리의 19단과 20단 사이에 귀를 꿰매세요.

4 소매의 끝에서 두 번째 단에, 소매 안쪽에서 손을 꿰매세요. ▶사진 h

5 부츠에 흰색 자수실로 작은 모티브를 수놓으세요. 다리에 부츠를 신기세요.

6 당근 뿌리에 당근 잎을 다세요.

g

h

머리

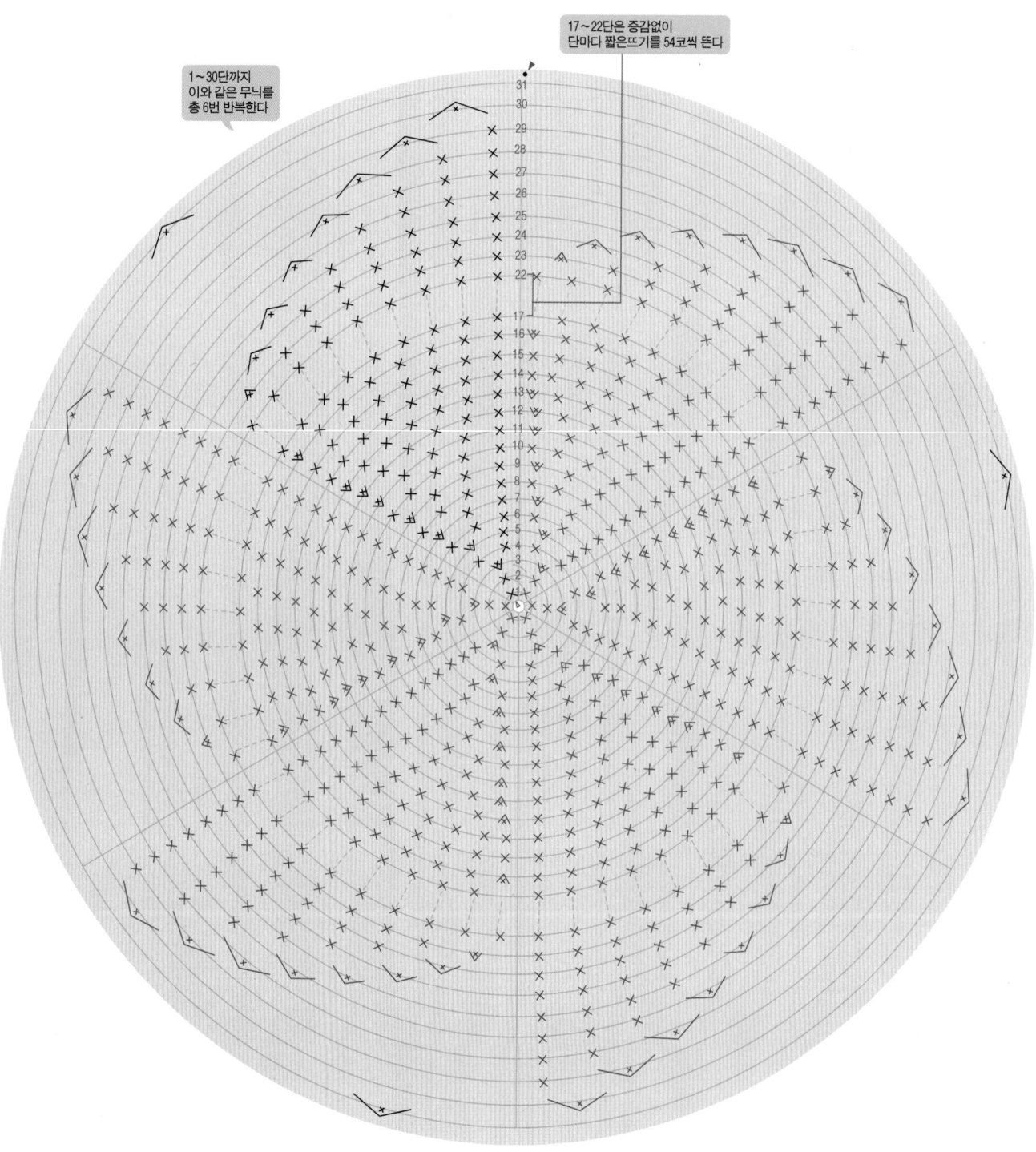

17~22단은 증감없이
단마다 짧은뜨기를 54코씩 뜬다

1~30단까지
이와 같은 무늬를
총 6번 반복한다

귀-2개

1~19단까지
이와 같은 무늬를
총 6번 반복한다

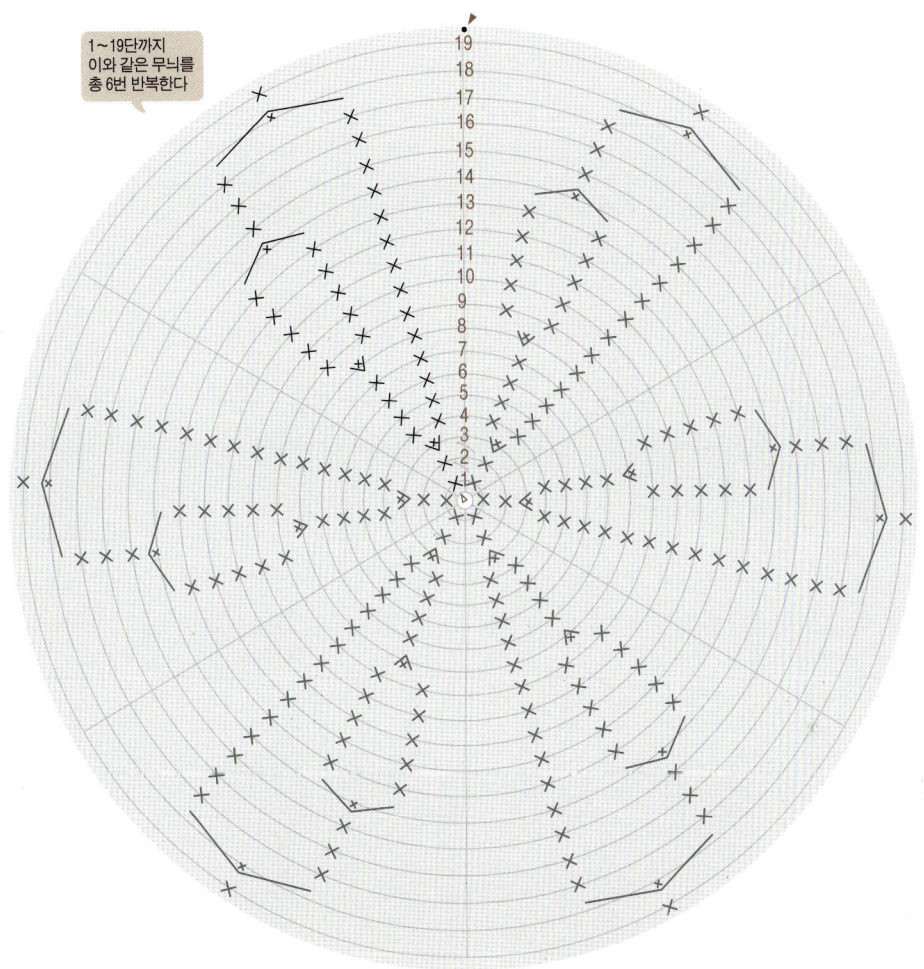

19
18
17
16
15
14
13
12
11
10
9
8
7
6
5
4
3
2

눈-2개

손-2개

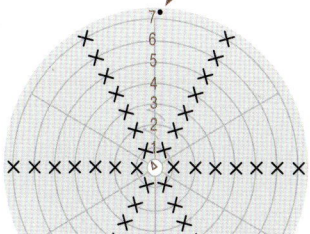

풀오버

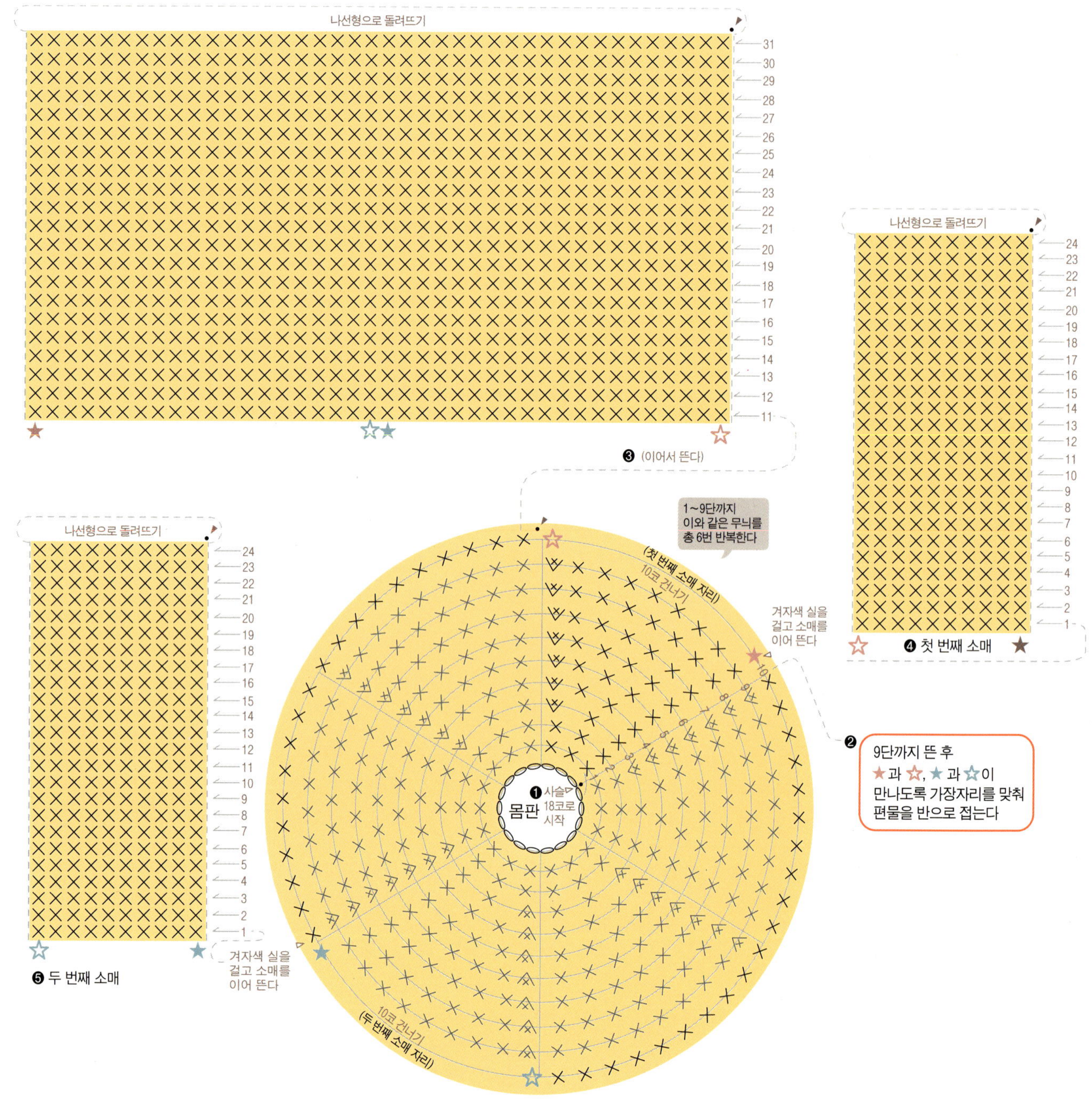

나선형으로 돌려뜨기

─31
─30
─29
─28
─27
─26
─25
─24
─23
─22
─21
─20
─19
─18
─17
─16
─15
─14
─13
─12
─11

❸ (이어서 뜬다)

나선형으로 돌려뜨기

─24
─23
─22
─21
─20
─19
─18
─17
─16
─15
─14
─13
─12
─11
─10
─9
─8
─7
─6
─5
─4
─3
─2
─1

❹ 첫 번째 소매 ★

1~9단까지
이와 같은 무늬를
총 6번 반복한다

겨자색 실을
걸고 소매를
이어 뜬다

❷ 9단까지 뜬 후
★ 과 ☆, ★ 과 ☆이
만나도록 가장자리를 맞춰
편물을 반으로 접는다

(첫 번째 소매 자리)
10코 건너뛰기

❶ 사슬뜨
몸판 18코로
시작

나선형으로 돌려뜨기

─24
─23
─22
─21
─20
─19
─18
─17
─16
─15
─14
─13
─12
─11
─10
─9
─8
─7
─6
─5
─4
─3
─2
─1

❺ 두 번째 소매

겨자색 실을
걸고 소매를
이어 뜬다

10코 건너뛰기
(두 번째 소매 자리)

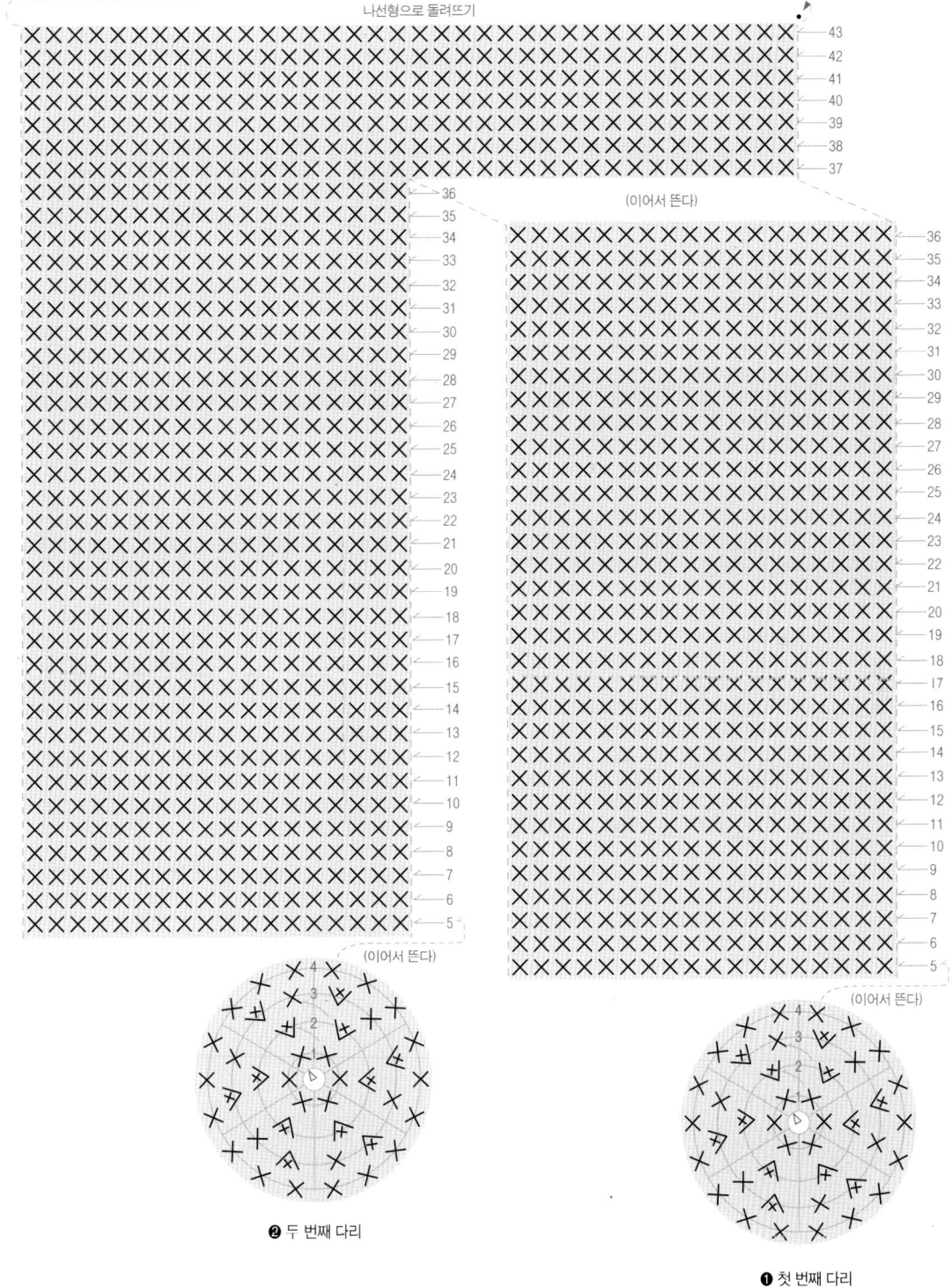

나선형으로 돌려뜨기

(이어서 뜬다)

(이어서 뜬다)

(이어서 뜬다)

❷ 두 번째 다리

❶ 첫 번째 다리

부츠-2개

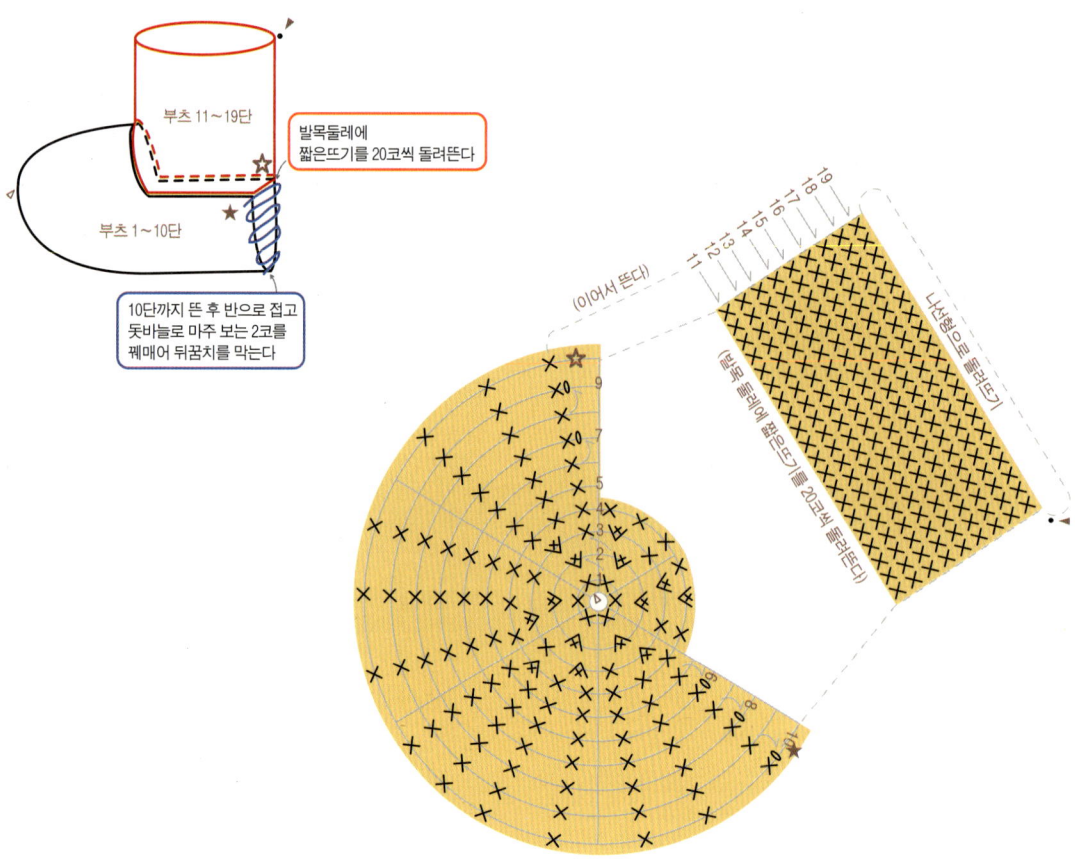

부츠 11~19단

발목둘레에
짧은뜨기를 20코씩 돌려뜬다

부츠 1~10단

10단까지 뜬 후 반으로 접고
돗바늘로 마주 보는 2코를
꿰매어 뒤꿈치를 막는다

(이어서 뜬다)

19
18
17
16
15
14
13
12
11

나선형으로 돌려뜨기

(발목 둘레에 짧은뜨기를 20코씩 돌려뜬다)

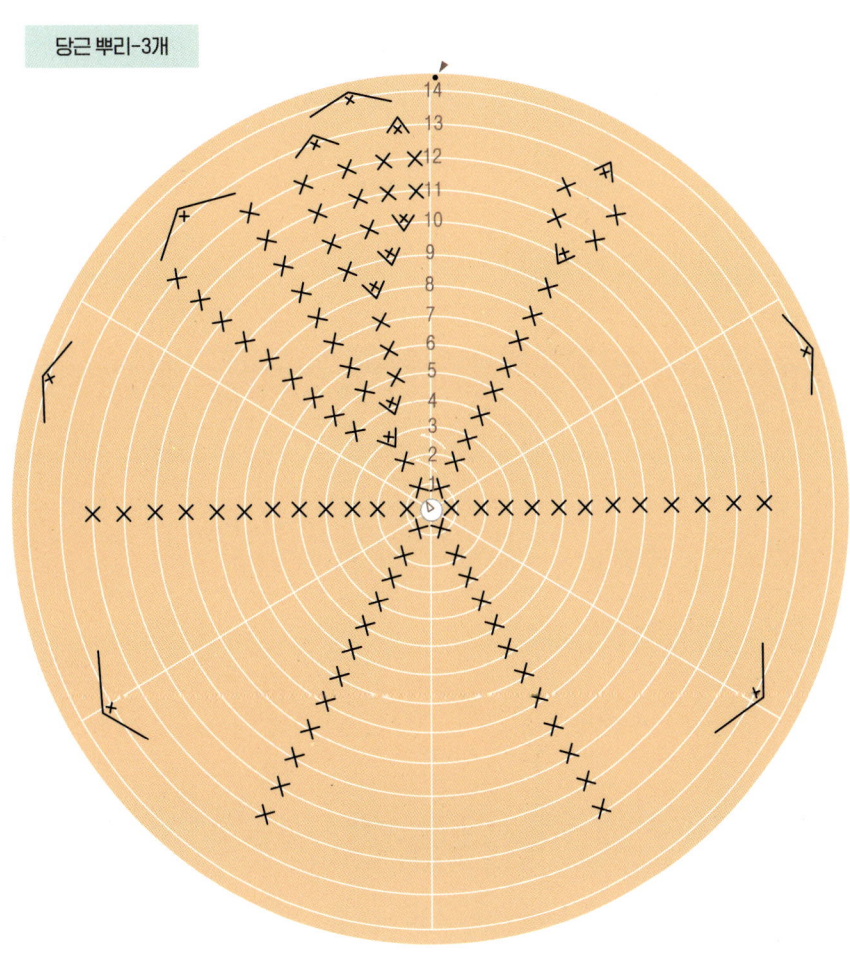

14
13
12
11
10
9
8
7
6
5
4
3
2

당근 잎-6개

실을 길게 남기고 자른다

사슬 6코로 시작

난이도 ★ ★ ★
크기 | 14×56cm

VICTOR
빅토르

이 인형은 '빅토르'예요. 제 아들은 '늑대-여우'라고 부르지요.
긴 팔과 긴 다리로 걷는 빅토르는 리버티 천의 스카프와
예쁜 투톤 컬러 털 덕분에 우아한 이미지예요.

× ×

✖재료
황록색 면사(DMC사의 Natura Moss green 75번) 4볼
흰색 면사(DMC사의 Natura Ibiza 01번) 2볼
검정색 자수실
코바늘 3.0mm(모사용 코바늘 5/0호)
지름 9mm 검정색 플라스틱 나사눈 2개
기본 키트(p.9)

✖사용한 뜨개기법
사슬뜨기, 짧은뜨기, 빼뜨기

✖표 보는 방법
작품은 짧은뜨기로 떠요. '늘림코'는 '짧은뜨기 2코 늘려뜨기'이고, '줄임코'는 '짧은뜨기 2코 모아
뜨기'예요. '증감 없음'은 '코마다 짧은뜨기 1코씩 뜨기'를 뜻해요. 같은 단에서 동일한 뜨기가 반
복될 경우 '( )× ○회'로 표시했어요.

다리

흰색 실과 코바늘 3.0mm로, 사슬뜨기 2코를 만든 후 첫 번째 사슬코에 바늘을 넣어 1단을 시작하세요. 6단부터는 황록색 바탕에 흰색 도트무늬를 넣어가며 뜨세요. ▶p.14의 '배색하기' 참고

단수	콧수	색상	뜨는 방법
1	6	흰색	짧은뜨기 6코
2	12		늘림코 6번
3	18		(짧은뜨기 1코, 늘림코 1번)×6회
4	22		(짧은뜨기 3코, 늘림코 1번)×4회, 짧은뜨기 2코
5	22		증감 없음.
6~60	22	황록(+흰색)	증감 없음. 빼뜨기 1코로 마무리하고 실을 자른다. 같은 방법으로 두 번째 다리를 만들고, 실을 자르지 않는다. 다리에 솜을 채운다. ▶사진 a

가랑이 조각

1 황록색 실과 코바늘 3.0mm로 사슬뜨기 15코를 뜬 후 왕복으로 평뜨기 하세요. 각 단의 시작은 사슬뜨기 1코로 기둥코를 세워 짧은뜨기 첫코와 높이를 맞추세요.

단수	콧수	뜨는 방법
1~5	15	기둥코(사슬코) 1코, 짧은뜨기 15코 빼뜨기 1코로 마무리하고 실을 자른다. ▶사진 b

2 직사각형으로 뜬 조각을 두 개의 다리 사이에 놓고 아래 도식대로 돗바늘을 이용하여 연결하세요. 연결하고 나면 총 64코가 됩니다(17코×다리 2개+15코×가랑이 조각 2번=64코). ▶사진 c

a

b

c

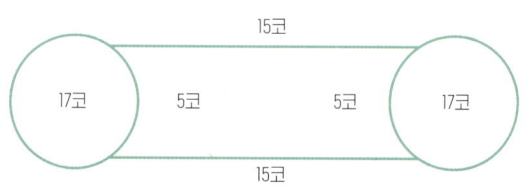

17코+15코+17코+15코=61코
[다리 안쪽의 5코×2번은 세지 않음]

몸통과 머리

황록색 바탕에 흰색 도트무늬를 넣어가며 뜹니다. 두 번째 다리에 남아있는 실로, 가랑이 조각의 첫 코에 바늘을 넣어 이어서 뜨세요.

단수	콧수	색상	뜨는 방법
61~120	64	황록(+흰색)	증감 없음. 65번째 단부터 서서히 솜을 채운다.
121			마지막 단이다. 뒤 몸통의 중간 정도까지 짧은뜨기를 이어 뜬다. 솜을 완전히 채운다. 실은 자르지 않고 두었다가 귀를 뜰 때 사용한다.

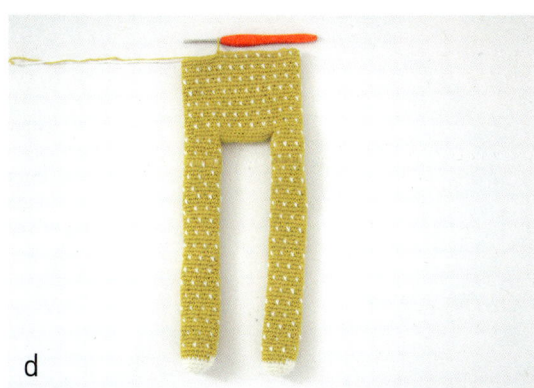

d

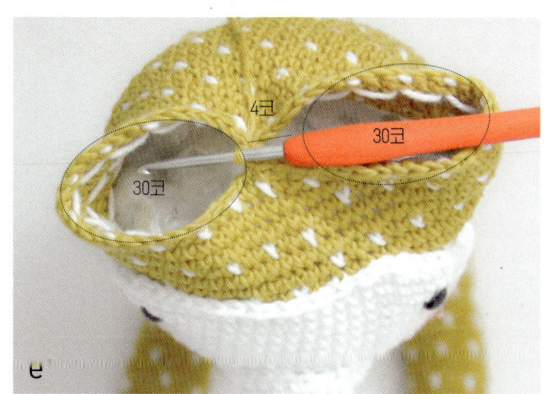

e

귀

1 황록색 바탕에 흰색 도트무늬를 넣어가며 코바늘 3.0mm로 뜨세요. ▶p.14의 '배색하기' 참고

각 귀를 뜰 첫 단은 각 30코씩입니다. 양쪽 귀를 분리해 주는 코가 총 4코예요(머리 뒤쪽 2코와 머리 앞쪽 2코). 왼쪽 귀를 먼저 뜹니다.

단수	콧수	뜨는 방법
1	30	짧은뜨기 30코
2	24	(짧은뜨기 3코, 줄임코 1번)×6회
3	18	(짧은뜨기 2코, 줄임코 1번)×6회
4~5	18	증감 없음.
6	12	(짧은뜨기 1코, 줄임코 1번)×6회
7	12	증감 없음.
8	6	줄임코 6번
9	3	줄임코 3번
10		줄임코 1번, 빼뜨기 1코 실을 자른다. 돗바늘로 남은 실을 귀 안쪽으로 넣어 숨긴다.

2 새로운 실을 걸어서 같은 방법으로 두 번째 귀를 만들어요. 사진 e, f에서 보이는 대로 귀 사이에 4코 남기는 것을 잊지 마세요.

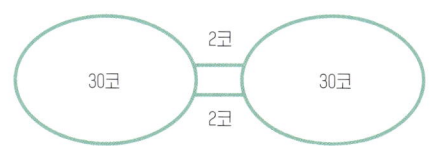

왼쪽 귀 30코+오른쪽 귀 30코+귀 사이 4코=64코

f

얼굴

1 흰색 실과 코바늘 3.0mm로 사슬뜨기를 10코 뜨고 편물을 돌린 후 기둥코(사슬코) 1코를 뜨세요. 이 사슬끈의 위아래로 돌려가며 원형으로 뜹니다.

단수	콧수	뜨는 방법
1	30	짧은뜨기 9코, (마지막 사슬코에 바늘 넣어) 짧은뜨기 6코 늘려뜨기. 짧은뜨기 9코, (기둥코에 바늘 넣어) 짧은뜨기 6코 늘려뜨기. 빼뜨기 1코로 단을 닫는다.
2	36	짧은뜨기 9코, (늘림코 1번, 짧은뜨기 1코)×3회, 짧은뜨기 9코, (늘림코 1번, 짧은뜨기 1코)×3회
3	42	짧은뜨기 9코, (늘림코 1번, 짧은뜨기 2코)×3회, 짧은뜨기 9코, (늘림코 1번, 짧은뜨기 2코)×3회
4	48	짧은뜨기 9코, (늘림코 1번, 짧은뜨기 3코)×3회, 짧은뜨기 9코, (늘림코 1번, 짧은뜨기 3코)×3회
5	54	짧은뜨기 9코, (늘림코 1번, 짧은뜨기 4코)×3회, 짧은뜨기 9코, (늘림코 1번, 짧은뜨기 4코)×3회
6	60	짧은뜨기 9코, (늘림코 1번, 짧은뜨기 5코)×3회, 짧은뜨기 9코, (늘림코 1번, 짧은뜨기 5코)×3회
7	66	짧은뜨기 9코, (늘림코 1번, 짧은뜨기 6코)×3회, 짧은뜨기 9코, (늘림코 1번, 짧은뜨기 6코)×3회
8	72	짧은뜨기 9코, (늘림코 1번, 짧은뜨기 7코)×3회, 짧은뜨기 9코, (늘림코 1번, 짧은뜨기 7코)×3회
9	78	짧은뜨기 9코, (늘림코 1번, 짧은뜨기 8코)×3회, 짧은뜨기 9코, (늘림코 1번, 짧은뜨기 8코)×3회 빼뜨기 1코로 마무리하고 실을 자른다.

2 얼굴의 7단과 8단 사이에 대략 8cm의 간격을 두고 나사눈을 끼우세요. 몸통의 머리 위치에 얼굴을 올려놓고 나사눈의 검정색 막대를 머리에도 동시에 통과시키세요. 나사눈에 흰색 와셔를 끼운 후 세게 누르세요. 두 번째 눈도 같은 방법으로 작업하세요.

3 머리 위에 얼굴을 돗바늘로 꿰매세요. 캐릭터의 몸통에 솜을 채우고 완성한 뒤 얼굴 위에 주둥이를 꿰맬 거예요. ▶사진 g, h

4 얼굴에 볼터치를 하세요. ▶p.15의 '얼굴 만들기' 참고

6. 주둥이

1 흰색 실과 코바늘 3.0mm로, 사슬뜨기 2코를 만든 후 첫 번째 사슬코에 바늘을 넣어 1단을 시작하세요.

단수	콧수	뜨는 방법
1	6	짧은뜨기 6코
2	12	늘림코 6번
3	12	증감 없음.
4	18	(짧은뜨기 1코, 늘림코 1번)×6회
5	18	증감 없음.
6	24	(짧은뜨기 2코, 늘림코 1번)×6회
7	24	증감 없음. 빼뜨기 1코로 마무리하고 실을 자른다.

2 검정색 자수실로 주둥이의 중앙에 코를 수놓으세요. ▶사진 g

g

h

7. 팔

흰색 실과 코바늘 3.0mm로, 사슬뜨기 2코를 만든 후 첫 번째
사슬코에 바늘을 넣어 1단을 시작하세요. 4단부터는 황록색
바탕에 흰색 도트무늬를 넣어가며 뜨세요. ▶p.14의 '배색하기' 참고

단수	콧수	색상	뜨는 방법
1	6	흰색	짧은뜨기 6코
2	12		늘림코 6번
3	18		(짧은뜨기 1코, 늘림코 1번)×6회
4~52	18	황록(+흰색)	증감 없음. 빼뜨기 1코로 마무리하고 실을 자른다. 같은 방법으로 팔을 1개 더 만든다. 팔에는 솜을 넣지 않는다.

✻도움말

쉽게 앉힐 수 있도록 유연한 인형을 원한다면 다리와 몸통에 솜을 너무 단단히
채우지 마세요.

응용하기

타원형 뜨기가 쉽지 않거나 뜨개 시간을 절약하고 싶다면, 얼굴을 따로 뜨
는 대신에 몸통의 96단에서 113단을 흰색 실로 뜬 후, 다음 단부터 다시 황
록색 실로 떠보세요.

연결하기

8 95번째 단에 팔을 고정하세요.

9 얼굴에 주둥이를 꿰매세요. ▶사진 i

10 주둥이에 짧은 선들을 수놓으세요.

i

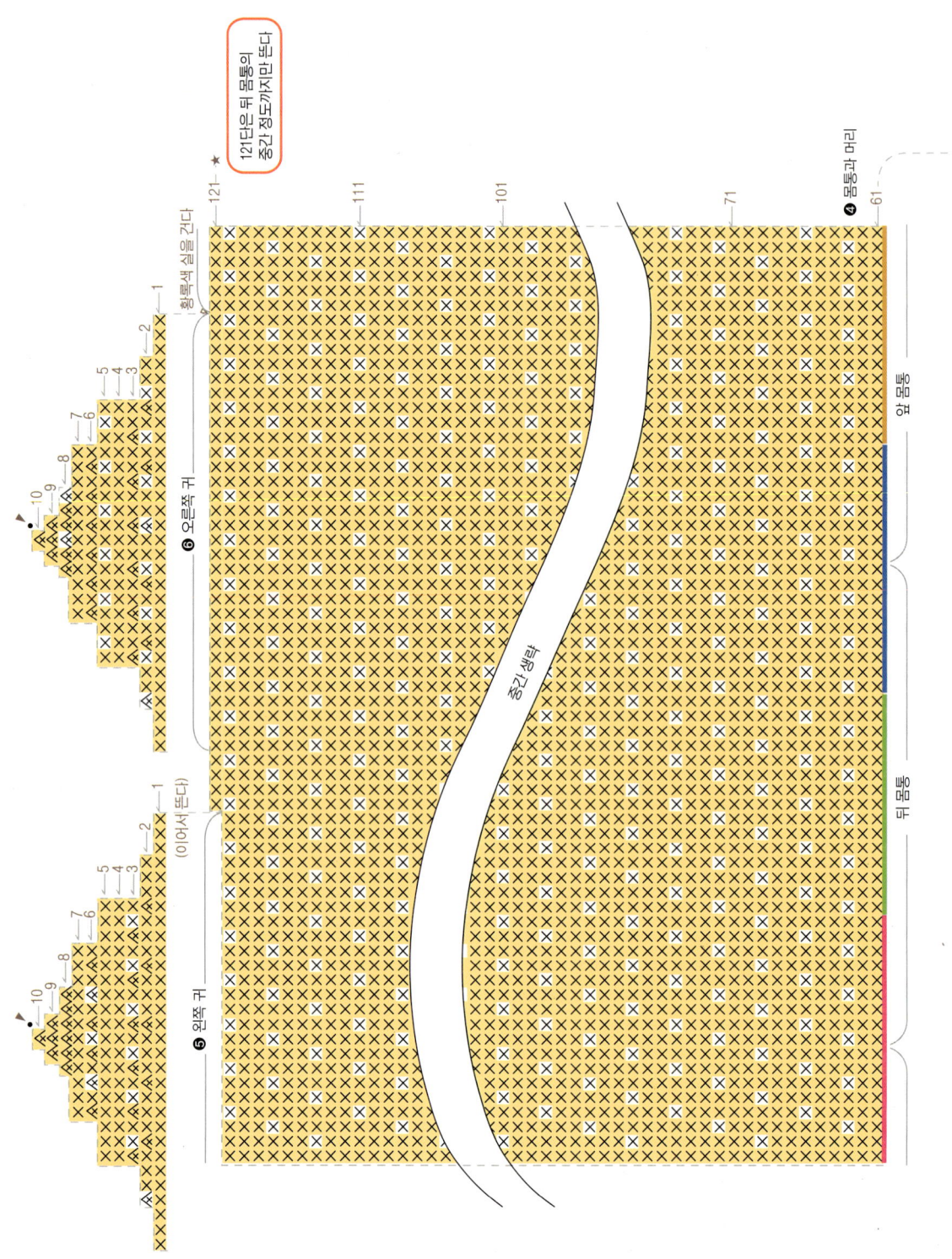

★ 121단은 뒤 몸통의 중간 정도까지만 뜬다

앞 몸통

뒤 몸통

❹ 몸통과 머리

중간 생략

❺ 왼쪽 귀

(이어서 뜬다)

❻ 오른쪽 귀

황록색 실을 건다

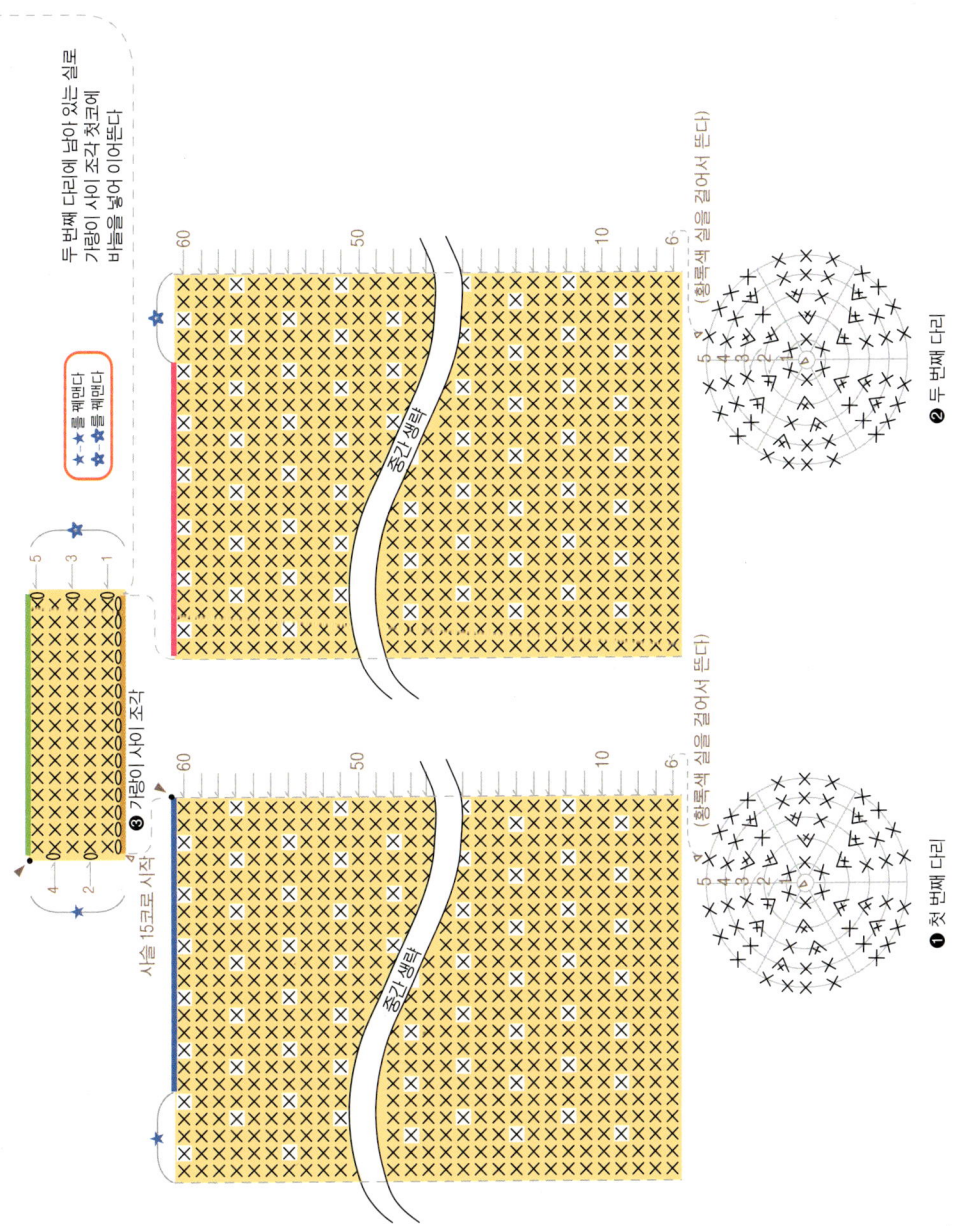

두 번째 다리에 남아 있는 실로 가랑이 사이 조각 첫코에 바늘을 넣어 이어뜬다

★→를 꿰맨다
★→를 꿰맨다

중간 셀타

60
50
10
6

5 (황록색 실을 걸어서 뜬다)
5 4 3 2 1
❷ 두 번째 다리

중간 셀타

60
50
10
6

(황록색 실을 걸어서 뜬다)

가랑이 사이 조각
❸

5
3
1
4
2

사슬 15코로 시작
중간 셀타
60
50
10
6

중간 셀타

(황록색 실을 걸어서 뜬다)
5 4 3 2 1
❶ 첫 번째 다리

135

얼굴

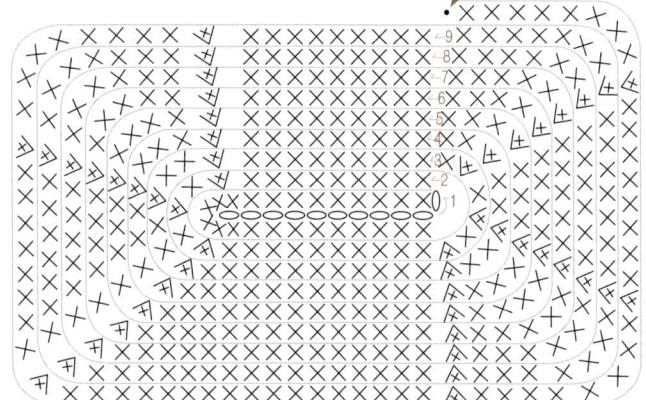

주둥이

1~7단까지
이와 같은 무늬를
총 6번 반복한다

팔-2개

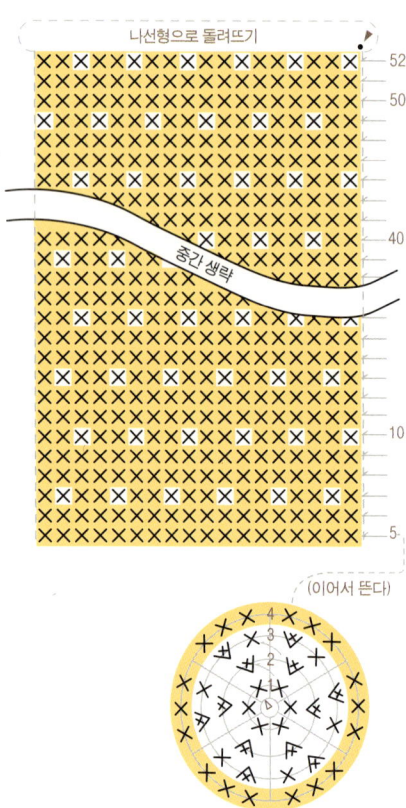